大川隆法
RYUHO OKAWA

ELOHIM

エローヒムの降臨

映画「宇宙の法 ―エローヒム編―」参考霊言

まえがき

地上の歴史では、唯一神信仰と、多神教信仰が対立し、ある時には、宗教戦争になることもある。

本書は、その答えにもなっている。

地球神エル・カンターレは、今から三億数千万年前に下生《げしょう》した時、「アルファ」という名で創造神・造物主の使命を遂行《すいこう》した。二回目に降臨《こうりん》した時の名が「エローヒム」で、善悪、正義、慈悲などを示した。

今秋公開される映画「宇宙の法―エローヒム編―」は、エローヒムの時代を映像化している。それは美しい時代でもあったが、地球が試練《しれん》を迎えていた時代でもあった。「エローヒム」の名は旧約聖書にも出ているので、ユダヤ教徒、キリスト教徒、イスラム教徒にも知られている。しかし、その姿や時代は全く知られていないだろう。映画公開前の原作参考資料として本書を公刊《こうかん》する次第《しだい》である。

二〇二一年　八月二十一日

幸福《こうふく》の科学《かがく》グループ創始者兼総裁《そうししゃけんそうさい》　大川隆法《おおかわりゅうほう》

エローヒムの降臨　目次

第1章　エローヒムの降臨《こうりん》

二〇一六年十二月二十九日　収録
幸福の科学　特別説法堂《せっぽうどう》にて

第2章　エローヒムの霊言《れいげん》
――エローヒムとその時代――

二〇一八年二月十三日　収録
幸福の科学　特別説法堂にて

第3章　映画「宇宙の法―エローヒム編―」楽曲歌詞

「霊言《れいげん》現象」とは、あの世の霊存在の言葉を語り下ろす現象のことをいう。これは高度な悟《さと》りを開いた者に特有のものであり、「霊媒《れいばい》現象」（トランス状態になって意識を失い、霊が一方的にしゃべる現象）とは異なる。外国人霊の霊言の場合には、霊言現象を行う者の言語中枢《ちゅうすう》から、必要な言葉を選び出し、日本語で語ることも可能である。

なお、「霊言」は、あくまでも霊人《れいじん》の意見であり、幸福の科学グループとしての見解と矛盾《むじゅん》する内容を含《ふく》む場合がある点、付記しておきたい。

第1章　エローヒムの降臨《こうりん》

二〇一六年十二月二十九日　収録
幸福の科学　特別説法堂《せっぽうどう》にて

エローヒム

地球系霊団《れいだん》の至高神であるエル・カンターレの本体意識の一つ。地獄《じごく》のもとになる低位霊界《れいかい》ができ始めたため、人々を正しい方向に導くべく、一億五千万年前に今の中近東近くに降臨《こうりん》し、「光と闇《やみ》の違《ちが》い」や「善悪の違い」を中心とした教えを説いた。「エローヒム」とは「光」「神の光」を意味する。（『信仰《しんこう》の法』〔幸福の科学出版刊〕等参照）

１　エローヒムはどういう神か

名前は知られているが、実態はよく分からない「エローヒム」

大川隆法　今日は「エローヒムの降臨《こうりん》」ということで、エローヒムの霊言《れいげん》をやろうかと思っております。

目的としましては、映画「宇宙の法」のPart《パート》 0《ゼロ》は「ＵＦＯ学園の秘密」、PartⅠ《ワン》はアルファァを中心にした物語ではあるのですけれども、次のPart Ⅱ《ツー》はエローヒムを中心にしたものにしようかと考えているものの、原資料がほとんどないのでかなり厳しくなりますから、できるだけ原資料になるものをつくっておく必要があるかなと思います。

当会のなかにも幾《いく》つか、まあ、二、三、語られたところはあることはあるのですけれども、十分ではないと思っています。

また、エローヒムという存在そのものは、必ずしも架空《かくう》のものではなくて、現実に名前としては知られている存在ではあるのですけれども、「その実はみんな分からない」というのが正直なところでしょうか。そういうところがあります。

当会では、「アルファというのが、三億年余り前ぐらいに出たエル・カンターレの本体意識の一つ。それから、一億五千万年前ぐらいにエローヒムが出たのではないか」という言い方をしております。

知られているものとしては、例えば、『旧約聖書《きゅうやくせいしょ》』の諸文献《しょぶんけん》等を研究する学者などには、「『旧約聖書』に出てくる預言者等が語る神に、どうも違《ちが》いがあるようだ」ということは知られています。

ある意味では「ヤハウェ文献」と「エローヒム文献」というのがあるといわれ

ていて、神といわれているものにも、〝ヤハウェ〟に当たるのではないかと思われる、やや〝「怒《いか》りや妬《ねた》み」あるいは「審判《しんぱん》」あるいは「民族的な色」が強い〟資料が出ているものと、神の性質として少し違うように思われる文献があります。エローヒム文献の場合には、後《のち》のイエス・キリストが説く「愛の宗教」につながるような、そうした神の姿が見える文献もあって、「本当にこれは一つなのかどうか」というような、分かれているものがあるという考え方はあるようです。

当会のほうの教えでも、「ユダヤ教徒たちが信じていたエホバあるいはヤハウェといわれる神の性質と、イエスが信じていた神の性質に違いがあるのではないか」ということで、「同じく神と思っていて、実際は認識はされていなかったけれども、この違いがあったために迫害《はくがい》を生んで、十字架に架かった面があるのではないか」というようなことも述べたことはあります。

また、当会から出ている別のもののなかには、「アッラーとして一神教にまとめられる中東のほうの神のなかには、エローヒムの影《かげ》がかなり強く出ている」ということも言われてはおります。

その他、宇宙人リーディング的なもので、一部、その姿が描《えが》かれたものもありますけれども、信憑性《しんぴょう》はまだ十分ではないと思っています。

地上での映画で、「X《エックス》－MEN《メン》」という、超能力者《ちょうのうりょくしゃ》を中心にした映画が何本もつくられていますけれども、二〇一六年、その映画の上映があったし、ニューヨークに行ったときにも機内で観《み》たような気もします。中国語版だったので十分理解したかどうかは分かりませんけれども、それで描かれていたエローヒムというのは、まあ、名前としてはエローヒムで出ているし、そうはっきり言っていましたが、要するに、とにかくX－MENの最初のものというような現れ方でした。今出ているX－MENではなくて、実は太古の最初のX－MENがエローヒムではないかというような描き方でした。

正確には記憶《きおく》しておりませんが、たぶん五千六百年前ぐらいで、地域的にはどうでしょうか、中東にも見えたけれども、内容から見るとエジプトあたりに近いかなと思います。砂漠《さばく》地帯のほうなのですけれども、ミイラがつくられ始めていたころぐらいの感じでしょうか。古代のピラミッドとかミイラとか、そんなものが出てくるぐらいの感じあたりで、そのエローヒムという存在は、神官《しんかん》のようでもあるし、超能力者でもあるのだけれども、他の超能力者たちのエネルギーをどんどんどんどん吸い込《こ》んで、自己増殖《ぞうしょく》して大きくなっていくような、パワーを増していくような存在として描かれていたと思います。

必ずしも善なる存在としては描かれていなかったようには思います。どちらかといえば、破壊神《はかいしん》のようにも見える面もあったかと思うのです。現代に甦《よみがえ》ってくるのだけれども、すごく強すぎて、「X－MEN」が十人がかりぐらいで何とか相手をする」というような感じの、あまり気分のいい描かれ方ではなかったかとは思いますので、これは悪いイメージが、ハリウッド映画、〝ハリウッド文献〟によって世界に少々撒《ま》かれたかなという感じはあります。

ただ、内容的に見ると、オシリス、幸福の科学がオフェアリスとも呼んでいるような古代のエジプトの王様が、バラバラにされたのに復活して、〝ミイラ〟になったりするようなイメージがやや重なっているような感じがしましたし、（オシリスは神話では）復活して以降、冥界《めいかい》の帝王《ていおう》になっておりますから、ちょっと、そんなイメージと重なっているのかなというふうには感じられました。

そういうことで、名前としては知られてはいるのだけれども、その実態はよく分からないということで、宗教的にも、内容的に信憑性を追究するのはなかなか難しいものかと思います。

現代の考古学的観点を超《こ》えてエローヒムの霊的《れいてき》リサーチを試みる

大川隆法　とりあえず今日は、あまり欲張ってもいけないので、まだ（映画まで）時間もあるかとは思いますし、映画「宇宙の法」の Part Ⅱ でエローヒムが登場するに当たりまして、絵とか物語がつくれるその原資料になるようなものをなるべく引き出せたらいいのではないかと思います。

これについては、もうほかの資料がないので、当会でも述べたものは一部ありますけれども、特に気にしないで（霊言《れいげん》収録も）行《い》ってみようかというふうに思っております。一般《いっぱん》の公開、会員向けに公開するかどうかはまだ考えてはいないので（収録当時。その後、全国の支部・精舎《しょうじゃ》等にて公開）、とりあえずは、「宇宙の法」シリーズのなかで、原資料というか、第一次資料を採取することを目的に考えてみたいと思います。とりあえず構想ができるレベルまでというところを目指しています。

なお、アルファおよびエローヒムに関しましては、いわゆる救世主のいる九次元の世界というふうに描かれていますけれども、九次元世界のなかの他の指導霊と比べましても格段に違いがありすぎるので、いわゆる人間的要素や人格神としての要素を強く出してくる九次元霊よりも、もう一段上の次元の、十次元以降の意識をもかなり出してくる存在なのではないかというふうに感じられております。そうでないと、「地球創世」とか、そういう大きなものにかかわるにはちょっと無理があるのではないかと思います。

いわゆる九次元霊というのは、二、三千年おきぐらいに、この地上の文化・文明をつくるために、あるいは人類救済のために出てくる人格神ですけれども、本体意識の部分は、もう少し大きな地球計画や宇宙計画とも関係があるものではないかと考えられていいのではないかというふうに思います。

以前、言ったことはいろいろありますけれども、それはそれとして、今日は思い切って、読者のことはまったく無視なされて、〝超自己中〟で、「自分たちが映画をつくるとして、こういうことが分からないとちょっとつくれない」というところは遠慮《えんりょ》なく訊《き》くようなかたちで、全体として教えになっているかどうかは分からないけれども知りたいことを訊いてみようということです。

それで詰《つ》められなかった部分については、またもう少し別途《べっと》考えてみる必要はあるかと思うし、傍証《ぼうしょう》として、ほかの関係がある人のものを周辺からも詰めていく必要はあるのかなというふうには思っています。

時間の尺度に関しましては、「一億五千万年」とか言い始めたら、尺度的にはもう無理でして、先ほど言った映画「X-MEN」のなかに出てきたエローヒムでも五千六百年ぐらい前なので、かわいいと言えばかわいい。少なくともエジプト文明の初期のころであることぐらいで理解できる範囲《はんい》です。

現代の常識から見れば、現生人類《げんせい》は三万年から五万年ぐらい前、あるいは、せいぜい十万年ぐらい前あたりに、かたちができたのではないかと思われているし、遡《さかのぼ》っても、頑張《がんば》って百万年、あるいは、もっとずっと古いもので見て、もしかしたら五百万年ぐらい前に何か人類らしき化石がチラッとあるとかいう話はありますけれども、ここまで行きますと考古学者もお手上げ状態ではないかと思います。

これはこれで、そうした土を掘《ほ》って出てくるものというのは、もう限りがあります。地球の表面全部を掘るわけにもいかず、海中に沈《しず》んでいるものはもう分かりませんし、地球が今と一緒《いっしょ》でもないとも思いますので、考古学的な観点からの、あるいはそういう意味での科学的観点は無視して、もう霊的なリサーチとして、やれるところまでやってみようと思います。

意外に、数字的に見るとちょっと信じられないものとかも出ますけれども、宗教の大部分は文化的象徴《しょうちょう》を含《ふく》んでいるものなので、象徴的な言い方のなかにも解《かい》釈《しゃく》すべき真実はあるのではないかというふうに思っています。

ということで、今日のエローヒム自体は、架空の存在ではなくて、古代から、宗教、特にキリスト教の源流になる宗教や、イスラム教の源流になる宗教のほうでは知られている名前であったけれども、どんな神かはよく分からないという方であるので、その輪郭《りんかく》を描いてみたい、傾向《けいこう》性を知ってみたいということです。

私のほうとしても、できるだけ箍《たが》をはめずに、本当は多少酔《よ》っ払《ぱら》っているぐらいがいいかなとも思うのです（笑）。まあ、理性であまり枠《わく》をはめるといけないので、もう少しボワッとしているほうがいいかとは思うのですけれども、そのへんでとりあえずやってみたいと思うので、（質問者に）お任せしますね。

それでは、エル・カンターレの本体意識の一つで、「アルファに続いて地上に降臨した」といわれているエローヒムをお招きいたしまして、その時代のこと、あるいは、活躍《かつやく》、考え等について、質問にお答えしていただくかたちで明らかにしていきたいと思います。

エローヒムの霊よ、エローヒムの霊よ、エローヒムの霊よ。

どうぞ、幸福の科学に降臨したまいて、そのお姿、お考え、行動等について、われわれに分かるようにお教えくださいますよう、お願い申し上げます。

エローヒムの霊よ、エローヒムの霊よ。

どうぞ、われらに、そのお考え、教え、活躍について、お教えください。

ありがとうございます。

（約十五秒間の沈黙《ちんもく》）

2　一億五千万年前の地球と人類について

エローヒムが地上に降臨《こうりん》した理由とは

エローヒム　うーん……。

質問者　本日はご降臨《こうりん》いただきまして、まことにありがとうございます。
当時、地球人類はどのような状況《じょうきょう》にあったのでしょうか。

エローヒム　うーん……。まあ、アルファの時代は創造を中心にしていたので、「産めよ、増やせよ、地に満てよ」というところもあったし、そういう意味で、いろんな特徴《とくちょう》を持ったものが、とりあえず地球に住んでみるということを中心にやっておったとは思うのだが、次第《しだい》しだいに、地球は地球文明としてのかたちを取らなければいけなくなってきたわけで、そうすると、多様なままでいいというわけには、必ずしもいかなくなってきた。

「地球的にありうべき生き方・存在」と「地球的には、これは受け入れられない」という考え方が出てきつつあったわけで、ある意味での「善悪の峻別《しゅんべつ》」というのが、ニーズとしては出てきていたというふうに考えてもよいと思うな。

特に、これは地球起源だけでの混乱があったというわけではないのだけれども、さまざまな宇宙から人類の始祖に当たるものも入ってはきていたので、それぞれの星、もしくは銀河系、太陽系における価値観があって、微妙《びみょう》に食い違《ちが》うところもあった。

まあ、それぞれが正義と思うものがぶつかることは多くてね。それで、「地球的に何を選び取るか」というところが非常に大事になってきたわけです。

この善悪というものを明確にし始めたあたりから、いわゆる天国と地獄《じごく》というのが分かれてき始めたというふうに言ってもよいのではないかと思います。

まあ、あなたがたの世界でもそうであろうが、どうしても一緒《いっしょ》にはやっていけないというものがあるでしょう。

そういう場合に、ただ水平的に会社が分かれるようなかたちで別々に住むというやり方も一つにはあったし、現実には、国別とか、民族の分かれになっていったものもあるが、もう一つは、そういう「水平的な分かれ方」ではない「垂直的な分かれ方」も始まっていて、民族が違う、肌《はだ》の色が違ったり、姿形《すがたかたち》が違えども、地球的にやはり望ましいことと望ましくないことを峻別する必要があった。

当時はまだ、いわゆる「地獄」とは呼ばれてはいなかったのだけれども、一定以上、上に上がってこられないような、そういう境界線のようなものが霊界《れいかい》にでき始めていたということだな。

今で言うと、東京で言えば「山《やま》の手《て》」と「下町《したまち》」みたいなものなのかもしれない。下町住人と山の手住人ではないけれども、霊界においては、そうした「山岳《さんがく》地帯に当たる、天上界《てんじょうかい》を象徴する高さをイメージした霊界」のほうに行ける者と、そこに行けずに、「地表をイメージ化した霊界」か、あるいは「人目を避《さ》ける霊界」というようなものができ始めていたというところかな。

そういうことで、まあ、一つの尺度として、私がこの地上に命を持つ必要があったということかと思いますがね。

エローヒムの時代のレプタリアン種族の二分化と、その混乱

質問者　当時は、どのような種族が興隆《こうりゅう》していたのか、お教えください。

エローヒム　うん……。（約十秒間の沈黙《ちんもく》）うーん……。

一つは、やはり、レプタリアン種族の二分化がかなり激しかったとは思うのですけれども。

退化していったものたちは、やはり恐竜《きょうりゅう》的なものにしかならなくなって、凶暴《きょうぼう》性のほうが強くなって、地球の食べ物が……。まあ、当時は、彼らは、引力の関係もあったのだけれども、やや巨大化《きょだい》する傾向《けいこう》があって、一つは恐竜といわれるものに近い姿に変わっていったものがかなり多かった。

そういうふうにならなかったものたちは、人間的特性をまだ強くは持ってはいたのだけれども、人間的特性のなかでは、やや、犠牲《ぎせい》を求めるというか、他を犠牲にして自己の繁栄《はんえい》を図《はか》る、そういう傾向を強く持った人類の始祖になっていたというところかな。

これは、今でいくと、まあ……、鬼《おに》とか、悪魔《あくま》とか、あるいは凶暴な、うーん、そうだなあ、鬼や悪魔、うーん、動物型の、怪物《かいぶつ》型の変身をする、モンスター型変身をするような感じの人類かな。そういうようなものの始祖だな。

例えば、鬼でなければ、ドラキュラとか、人を食べていくようなものとか、そういう、まあ、一種の恐怖心《きょうふしん》を起こすような種族には分かれてきていたかな。

このあたりが混乱の中心にはあったとは思う。

これ以外のものたちにも、非常に難しい面はまだあって、地球という世界は、元いた世界とかなり違いがあるので、この地球に生まれるに当たって、元のままの姿でなかなか住めないものも多かった。

その意味で、地球生まれの人類型の創造物もあったのだけれども、これと自分たちを掛《か》け合わせて、地球に適応性のある肉体をつくろうという動きもあった。まだ彼らが宇宙人としての足場を持っている間に、現在も行われてはいるようだけれども、地球人の一部との遺伝子交配がなされて、地球適性を持った、こうした「重力」、「酸素とその他の成分とのパーセンテージ」や「温度」、それから「水や土との兼《か》ね合い」等で、やはり適性を合わせたものに体を変えていかなければならない面はあったので、そういうものは行われていた。

だから、地球型に住み替《か》える肉体改造も行われてはいた。その過程で、高度な文明を持って、来たのは来たんだが、その高度な文明を持ったままの姿だと、宇宙船のなかで寿命《じゅみょう》を終えなければならなくなってしまうので、（姿を変えて）地上に肉体を持つのだけれども、試行錯誤《しこうさくご》がかなりあったということはあるかな。

その意味で、宇宙航行のときには、寿命というのが、はっきりはしなかったけれども、あることはあった。あったけれども、光速以上の速度で移動をしていると、地球年数でいくと何年生きているのかはちょっと分からないようなところはあった。けれども、地球に生まれる以上は、地球の回転年数と三百六十五日のカウントのなかから時間意識は生まれてきていたので、地球的時間でどの程度を生きるかという計算も働いてくるようになってはいた。

そういう意味で、いろんなものが、出来上がったばかりの会社や、あるいは軍隊のようなもので、まだ教育や訓練が十分できていないようなかたちで、あるいはぶつかったり混乱を起こしたり、よくしていた感じかな。

「恐怖心克服《きょうふしんこくふく》の智慧《ちえ》」の発達と「地獄《じごく》の始まり」について

質問者　当時、優勢だったレプタリアン種族の種類や性質、具体的な姿について、お教えください。

エローヒム　うーん……。（約五秒間の沈黙）人類に比較《ひかく》的近いものとしては、今、宇宙のエイリアン風にいわれているものの形に近いかもしれません。これも、だんだん時間がたてば変形はしてくるのだけれども、そういう形が基本原型かとは思いますがね。

あとは、動物化していったものは、ちょっと、これは食料との関係で変化していっているので。それと、まだ空を飛べるものも存在はだいぶしていたので、空を飛べるもの、水に潜《もぐ》れるもの、地上を中心に棲《す》むもの等で、姿形は変形していく。

原型そのものは、現在あるいろんな生き物の元のものであるので、その共通祖先のようなのを兼ねているようなものもいたことはいた。今いないのは、そういう超《ちょう》巨大な存在はもういなくなってきているとは思うのだけれども、超巨大なものはね。だから、これは食料の問題等もあるのではないかと思うのですが。

当時は、今よりももうちょっと……、今は地球温暖化が問題にはなっておるけれども、もっと温暖化した地球であったので。それで棲めないわけではないのだけれども、温暖化すると体が少し大きくなる傾向はある。それは、食べ物もやはり豊富になってくることがあって、食べ物になる対象の動物なんかも大型化してくるので、食料が豊富であると、それを捕食《ほしょく》するものの体が大きくなってくる。

現代でも、日本の鯉《こい》なら一メートルぐらいにしかならないけれども、この鯉をタイに持っていってタイで飼うと、三メートルぐらいまで大きくなったりするようなことはあります。

だから、捕食できるもの（が大きくなると）、および温度等が上がってくると、（捕食する側も）大きくなる傾向があるし、当時は今よりももう少し温暖というか、ある意味ではほとんどが熱帯に近かったかなと思われるので、全体的には今よりも大きめのサイズであったと。

そういう意味で、体がほかのものに比べて比較的小さいものは、常に命の危険にさらされていたので、その命の危険から身を護《まも》るためには、一つは俊敏《しゅんびん》さ、速さ、それから隠《かく》れる能力――穴を掘《ほ》ったり、地下に、土に潜ったり、水に潜ったりして、敵から逃《のが》れる、隠れる能力が必要だったのと同時に、もう一つは、反射神経等の発達と同時に、やはり知能が上がってきて、相手以上の知能を持てば、相手のやり方をあらかじめ予測して、身を護ることができるようになる。

だから、人類化してくる流れのなかには、実は、原始的な凶暴な動物、怪獣《かいじゅう》に近いものから身を護るための智慧《ちえ》、要するに、「恐怖心《きょうふしん》を克服《こくふく》するための智慧」がかなり発達していたということだな。

ただ、恐怖心のままに、恐怖にとらわれてこの世を去ったもののなかに、要するに、成仏《じょうぶつ》できないというか、天上界に還《かえ》れないものもそうといたということだ。

だから、低位霊界としての地獄《じごく》の始まりは、ほとんどの場合は、まずは自分よりも大きなもの、あるいは凶暴なるものに捕食されることによって、「生への欲望」、「この世に生き残ろうとする欲望」を断《た》たれた者たちの〝無念の思い〟というか、〝不快感〟というか、そういうものが多かったのではないかと思う。

そういうものがちょっとはびこり始めていて、一定の想念の集まりができつつはあったとは思われる。地球的にいろんな場所で始まっていたと思うので、やがて、そこから次のリーダーが、要するに地獄界のほうでできつつはあったということだ。

周りの環境《かんきょう》や時代の変化に合わせて外見を適応させた生物たち

質問者　レプタリアンには、水中に潜ったり空を飛んだりと、さまざまな種族がいますが、体の色や身体的特徴などについてもお教えいただければ幸いです。
エローヒム　……うーん、ああ、色については、やはり、周りの環境《かんきょう》と保護色的《ほごしょく》になりやすい色を取っていたことが多いと思う。だから、緑の多い所では緑に近い姿を取っていたし、土の多い所では土色に近いものが多かったと思うし、沼《ぬま》の多い所であれば、やはり、沼の色に近いものも多かったと思われます。もちろん、海に棲んでいるもののなかには、そうした青い色を持ったものもいたと思う。

なかには、もちろん正反対のものもいて、とっても目立つ色をしていることによって、自分の強さを誇示《こじ》している場合が一つ。「能力的にいろんな機能においって勝《まさ》っているために、ほかのものではとても捕食できない」ということで、強さを示すために、そういう自然環境とは違った色を、原色に近い色を身にまとっているようなものもいた。

もう一つは、有毒なもの、有害物質、食べたら、要するに有害であるというようなことを表示するために、赤とか黄色とかオレンジとかいうような色を外に出しているようなものもいた。

今でもありますけれども、例えばキノコなんかでは色が強いものはだいたい毒性が強い。これは警告しているわけですね。「食べたら死にますよ」ということを警告しているわけです。そうした、生き物のなかでも、実は捕食すると毒性の強いものもいた。まあ、現代でも、フグとかその他、いろいろあると思いますけれども、そういうものには、食べられると相手も毒が回って死ぬようなものもいて、そういうものの場合は、ほかの動物とは違うということを誇示するために、極《きわ》めてカラフルな強烈《きょうれつ》な色を出していたものもあります。ですから、かえって目立つ色をして身を護るものもいました。

まあ、現代にいるものの原型として、姿を少し大きくして、防御《ぼうぎょ》というか、皮《ひ》膚《ふ》や鱗《うろこ》、鎧《よろい》等をもう一段強くしたようなものはだいたいいると見ていいのですけれども、そういう、防御が強くて重々しい存在というのは、われわれの時代より、もうちょっと時代が下った時代に、地球がいったん砂漠《さばく》化し、冷却《れいきゃく》化した時代があるので、その時代にかなり死んだものも多かった。そのときに小型化したもののほうが生き延びた場合があって、哺乳類《ほにゅうるい》が中心の時代がやがて来る。まあ、これは、大隕石《だいいんせき》が落ちたということも言われてはいます。そういう大型のものがなかなか生き残れない時代がやがては来るのですけれども、私の時代にはまだ、そういう大型のものはそうとう存在はできました。

だから、創造のうちでも、今あるものを、もうちょっと防御をきつくし、攻撃《こうげき》力《りょく》を増したりしたもの、あるいは、時折、有毒性を持つものもいたと。食べて有毒のものもあれば、ある種の毒ガス成分のようなものを吐《は》き出すことができるものもいたし、あるいは、汗《あせ》に代わって、そういう毒液のようなものを体から出すようなものも存在はしていた。

例えば、カエルならカエルのようなものでも、もっと大きなものも当時は存在していたわけだけれども、こういうようなものも、襲《おそ》いかかられるということになりますと、急に色も変色して、そして周りに大きなイボのようなものも出てきて、そこには毒素が集まって、ガブッと食べようとすると、そうした大きな水疱《みずぼう》瘡《そう》のように出ているイボのようなものが破裂《はれつ》する。すると、そのなかには毒素が含《ふく》まれていて、噛《か》みついた相手はたちまち痺《しび》れたりするようなこともありました。

今で言えば、おとなしいカバとかのようなものでも、鼻から有毒なものを出しているものも存在しましたし、それが小型化していって、猪《いのしし》なんかの原型みたいなものができていたときにも、やはり、そうした有毒なものを出すことができるものはいて、そういうかたちで身を護るものもいましたね。

人間は、もちろん最初から、「裸型《はだかがた》」の者もだいぶおりましたけれども、これは、当然、身を包むものをつくらなければいけなかったので、体を外敵から護り、身を包むものは必要だった。ただ、比較的温暖ではあったので、現代のような衣服がそれほど必要だったわけではなくて、最小限のものでよかったというふうに思います。ただ、宇宙から来ている者の模倣《もほう》のかたちで、ぴったりとしたスーツ風のコスチュームを着けるような者も存在はしていたと思います。

あと、空を飛ぶものについては、なぜかは知りませんけれども、まあ、宇宙を航行していた記憶《きおく》もあるのかもしれませんが、「空を飛ぶ」ということに対しては、そうとう執着《しゅうちゃく》はあったようです。飛べるものもけっこういたようですが、次第しだいに必要性の認識が低くなって、鳥の類《るい》として分化してきたものは存在はしていますけれども、それ以外のものは、だんだん空を飛ぶということのその利点が、それほど大きくはなくなってきたので、羽を持っているよりは前足を持っているほうが有利になってきて、四つ足のほうがやや優勢にはなってきていたかというふうに思うんですね。

3　エローヒムの時代の住環境《じゅうかんきょう》やエローヒムの力について

宇宙人たちが地球の環境のなかで住むための努力

質問者　当時、宇宙からやって来た人々は、地上でどのように暮らしていたのでしょうか。

また、当時の地球の科学技術の進化度はどの程度だったのでしょうか。

エローヒム　うん、これは難しいところがありましてね。

宇宙から来ているものたちは、優《すぐ》れた科学技術を持ってはいたのだけれども、地球に長くとどまっていて、地球的生活ができるわけではなかったので。地球の環境《かんきょう》そのものは、ほとんどの宇宙から来ているものにとっては、そのままでは適性を欠いているものが多くて、特別な環境をつくり出さないと住めないものが多かった。

例えば、地球に建物を建てても、宇宙船のなかと同じようなものをつくり出せないと住めないようなものがあったので、やや適性を欠いていた。だから、ある意味では、地球という環境そのものは、宇宙人がそのままの姿で住むには「有害な部分」がかなりあったということです。

もっと前の時代に行くと、地表からの毒ガスなんかがいっぱい噴出《ふんしゅつ》していることも多かった。火山活動なんか、今よりももっと活発でしたので、この火山活動で出てくる硫黄《いおう》ガスとか、そういうものは、かなり有毒なものも多くて、そのままの姿で地上で住むのは、けっこう厳しいところは多かったかなと。

だから、たいていの場合は、何らかの防護服を着ていないといけなかったし、それで地上で作業する場合に、グレイ型の宇宙人が非常に流行《はや》っていて。ああいう、目鼻立ちから姿まで、ほとんど同じようなものがたくさん出てきていますけれども、あれはもう、自分がする代わりの、作業用のロボットというかサイボーグなんですけれども、それを使って地上で活動しているものも多かった。

だから、永住の地として共感を得るのは、そう簡単なことではなくて、かなりの努力は要《い》ったということです。

地上で自分らが住めるような建物を建てて、例えば重力を多少なりとも緩和《かんわ》したり、あるいは水そのものも宇宙人にとっては有毒なものが多くて、地球の水を飲むと死んでしまうものもいた。昔の宇宙人にとっては、けっこう水そのものも有毒で、飲むと体がただれてしまうようなものもいたり、あるいは外側からかけられると火傷《やけど》したようになるようなこともあった。特に、昔に戻《もど》るほど酸性の度合いが強くなってきていたので、やや厳しい環境下であった。

こういうものも全部、水分に当たるものをつくるにしても、独特の、自分の星に合ったものにつくり変える必要があったし、食べ物もすべてが体に合っていたわけではないので、研究がいろいろなされていた。
そういうなかで、いろいろと「考え方」や「生活形態」の違《ちが》うものが共存できないことも多くて、現在にあるような「人種抗争《こうそう》」とか「民族抗争」みたいなものは昔にもあったと言うべきですかね。

エローヒムのいた都市の住居や神殿《しんでん》の特徴《とくちょう》について

質問者　エローヒム様がお住まいだった都市の住居の様子をお教えください。

エローヒム　……うん、多少、違いがいろいろあるので。
私が住んでいたところは、若干《じゃっかん》、頑丈《がんじょう》なものでできてはおったのですけれども。

まあ、ちょっと、現代から見れば信じがたいかもしれませんが、ガラスによく似た素材のものを使っていた。だから、石英《せきえい》が豊富に採れたので、やはり石英を加工して、今のガラスによく似た素材のものでもって、比較《ひかく》的堅固《けんご》なものをつくることができた。

形は今のビルのようではありませんけれども、一つは「半円形のドーム型」のものもポピュラーではありましたが、もう一つは、今、あなたがたもお好きな「ピラミッド型」のものも好きで、やはり、これはいろいろなものから護《まも》る意味では非常によかったということですね。

それから、大きさはどんなものかということですけれども、ドーム型の住居の場合は、うーん……、まあ、だいたい……、直径二十メートル前後ぐらいのものが多かったかな。そのくらいのものに一家族ぐらいの感じが多かったかなと思うのですけれども。

ピラミッド型のものの場合は、やや身分を示しているものも多くて、もうちょっと大きな存在はあった。現代的に見ればどうだろう？　うーん、まあ、五十メートルから百メートルぐらいの高さのものは、存在はすでにしていたということです。

このあたりは、ピラミッド型の、石英を素材とする「宮殿《きゅうでん》型住居」と言ってもいいけれども、そういうものの場合は、明らかに、凶暴《きょうぼう》な恐竜《きょうりゅう》型生物等からの防御《ぼうぎょ》を考えてつくられているものです。だから、彼らが壊《こわ》せないようなものをつくっていたということです。

質問者　エローヒム様の神殿はどのようなものだったのでしょうか。アルファ様のときは空中に浮《う》かんでいるピラミッドでしたが。

エローヒム　ああ、それはずいぶんご便利な時代で、よろしかったですね。まあ、空中には浮いてはおりませんですけれども、一部では、地下の部分もつくっているものも、やはりありました。

これは、時折、「宇宙からの攻撃《こうげき》」がある場合があるので、「宇宙からの攻撃」がある場合は、恐竜とはちょっと違って避《さ》けがたいものもあるし、住居が壊される可能性があるので、そういうものからのシェルター機能として、地下部分に、もう一段、「宇宙からの攻撃」で壊されないものもつくっていた。

だから、われわれの時代でも、そういう空襲《くうしゅう》警報のようなものがないわけではなかったわけです。ときどき、予想外の宇宙人が来襲してくるようなことはあって、地球もけっこういろんなもので〝賑《にぎ》わって〟はいた。

結局、どういう民族になるかというか、種族、人類になるかということを固めてしまわないと、この「適性」と、あるいは「地球に適合しないものは何なのか」ということははっきりしなかったのです。

文明実験として自由にやらせていたけれども、だんだんに、「いや、あなたがたは住むことは無理です」という感じのものを出さなければ、要するに「存在形態として無理です」というのと、あるいは「共存形態としてちょっと難しい」という言い方ですね。「それでも地球に住みたい」という人も、やはりけっこういたことはいたのです。だから、あまりうまくいかない場合は、場所をずっと分けた所で住む場合もありました。

あとは、食料としては、地上の動物も増えてはいましたが、水中にも魚の類《たぐい》はかなり多く増えていましたので、食料に困ることはあまりなかった。

あとは、農作業のようなものは、もう一部始まっていて、地球に適合するかたちのものは何かを試《ため》していた。やはり、穀物のもとになるようなものは、すでに原型としてはあったというふうに考えていただいてもいいと思います。

質問者　エローヒム様の神殿の形はどのようなものだったのでしょうか。

エローヒム　うーん、私の場合は、ほかのとは少し違うので。中央は「ピラミッド型」なんですけれども、その前に、先ほど言ったような「テント型」のものが囲んでいるようなかたちで、防衛している感じになりますね。

エローヒムの普段《ふだん》の姿と戦闘時《せんとう》の姿

質問者　エローヒム様の普段《ふだん》のお姿と戦うときのお姿についてお教えください。エローヒム様が戦うときは、体を巨大化《きょだい》し、額《ひたい》の眼を開くという宇宙人リーディングもありましたが。

エローヒム　うーん……。まあ、聞けば聞くほど〝化《ば》け物〟に思われると嫌《いや》だから、表現は気をつけなければいけないとは思っているのですけれども（笑）。体自体は、現在の人間よりは大きかったことは、間違いなく大きいですね。普段はどのくらいかな。三メートルぐらいの背丈《せたけ》ですかね。普通にいる姿はね。そのくらいはあったと思うのですが。

確かに、「第三の眼」のことは言われていますけれども、人間の二つの目以外に、やはり、額のところにもう一つの眼はあったことは事実です。これは、平常時は閉《と》じている眼なんですけれども、いわゆる非常時や戦闘《せんとう》時に関しては、この「第三の眼」が開《ひら》くというのはそのとおりです。

これは「超能力《ちょうのうりょく》の眼」なので、これが、現代的に言えば、あらゆる〝センサー〟に当たる部分です。闇夜《やみよ》でも分かるし、闇夜でも相手の動きが分かると同時に、一種の超音波みたいなものも出せるかたちになっていたので、敵との距離《きょり》とか、そういうものが測れる、要するにレーダー機能みたいなものも持っていた。そういう、肉眼的に見えているだけでなくて、心の眼としての〝ソナー（音波探知機）〟みたいな感じというか、敵接近の場合の、その数や距離を測れる。そういう機能をこの「第三の眼」が持っていて、非常事態のときに、それが機能し始めるということはあったと思います。

あと、普段は、一見、人間様《よう》には見えるんですけれども、よく見れば、この肩《かた》から背中のあたりには、格納された、折り畳《たた》んだ羽が、実は付いてはいた。必要があれば、両翼《りょうよく》を広げれば、立派な大天使の翼《つばさ》のようなものは出てくるかたちになっていて、空を飛ぼうと思えば飛べるかたちにはなっていました。

ただ、そういう大きな翼がいつも付いていると、地上での生活が非常に不便になるので、普段は折り畳んで格納しているというかたちになっていますが、それが盛り上がってきて出てきて開くかたちにはなっていて、空も飛ぼうと思えば飛べるということです。

あと、「体が巨人化するかどうか」というところについては、まあ、多少、難しい言い方にはなるのですけれども、うーん……。現代的にこれが分かるか、分からないか。分かるかな？　分からないかな？

まあ、技術の一つとしては、確かに、トランスフォームと言われればそうなのかな。もともと、そういう機能自体は持っていたので。まあ、ベルトのなかに、本当に体が大きくなったと言えるのかどうかは分かりませんが、少なくとも大きくなったように見えるような、ある種の装置はあって、自己を外から見れば、ほかから見れば、すごく拡大して見せられる。

ですから、本当の姿であるかどうかは別ですけれども、「このベルトの中心部分の所をいじると、他の動物や生き物、人類から見ると、体がすごく巨大化したように見える。そういうような姿に見えてしまう」というような装置は持ってはいたので、恐竜だとか、あるいは悪質系宇宙人とかが現れる場合には、巨大化した姿にして見せるということはできました。

ですから、普段は三メートルぐらいですけれども、この機械を使って自分を拡大して見せると、現実には、二十メートルぐらいの大きさに見せることはできた。

「第三の眼」が持つさまざまな力とは

質問者　「第三の眼」を用いて、どのような戦い方をされたのでしょうか。

エローヒム　今でも、それはみんな、あるのではないですか。ここは……、「念《ねん》力《りき》」というものをみなさん、持っておられると思います、多少ね。それが、もうちょっと強かっただけなので。

うーん……、何だろうか。確かに、マインドコントロールというか、動物であろうが宇宙人であろうが何でもそうですけれども、「心を操《あやつ》る力」というのは当然あるわけでして、まあ、フォースの一種ですね。「心も体も支配できるという力」は当然、持っていました。

今だって、そういう力を持っている人はいくらでもいるわけです。まあ、かなり外見は退化しているけれども、機能としては残っているはずで、ほとんど、この眉間《みけん》の部分ですね。そこから、力が強ければ破壊《はかい》的なるものも出すことはできますけれども、人の心を操縦したり、いろいろ想像させたり、妄想《もうそう》させたり、恐怖《きょうふ》心《しん》を抱《いだ》かせたりするような機能は持っていたと思います。

まあ、「光線」と言うべきかどうかは分かりません。目に見えていたかどうかはよくは分かりませんけれども、ある意味では、そういう面はあったかなというふうに思います。

大仏などでも、眉間に、やはり何か、眉間白光《びゃっこう》のもとみたいなものがあるようですけれども、それは名残《なごり》ですね。名残としてある。

確かに、そういう面はあったと思います。

だから、額から出る、主として「人の心を操縦する力」、および「物理的念力」も、多少使うことができて、強い衝撃波《しょうげきは》のような感じで、物を吹《ふ》っ飛ばしてみたり、破壊したり、あるいは持ち上げたり、落としたりするような力はあった。

ですから、鳥類というか、鳥獣《ちょうじゅう》ですかね。鳥型の怪鳥《かいちょう》みたいなものが飛んでいるようなときでしたら、この「第三の眼」から出る、まあ、この場合はある種の超音波に近いものかとは思いますけれども、これで睨《にら》みつけて、念じて、落とそうと思えば、向こうは急降下して落下するぐらいのことはありました。

これは誰《だれ》にでもあるものではなくて、多少、そういうものを持っている人もいるけれども、力に差はそうとうあったというふうに思っていいでしょうね。

4　地球で行われた「宇宙戦争」の真相

地球の破壊《はかい》や侵略《しんりゃく》を目指していたマゼラン系とケンタウルス系

質問者　宇宙からの侵略者《しんりゃくしゃ》との戦争があったそうですが、その戦争についてお教えください。

エローヒム　うーん……。一つは、マゼラン系から最初に呼んだレプタリアンたちは、レプタリアン族にとっては比較《ひかく》的、温和なほうの種族を呼んではいたのですけれども、こういう者たちがマゼラン系から逃《に》げてくる原因になった者たちが、第二、第三群として残っていましたので、こちらが地球を目指してだいぶやって来ていたということです。

その前に地球にもう住んでいた者たちは、「地球防衛」という意識はすでにあったので、そうした凶暴《きょうぼう》な者に支配されないように、撃退《げきたい》するための方法を組まなければいけなかったということが一つ。

もう一つは、マゼランだけではなくて、ケンタウルスの系統にも二派ありまして、ケンタウルスの比較的温和な「α系《アルファ》の人たち」と、ケンタウルスの「β系《ベータ》の人たち」(で、β系)は科学技術はすごく進んでいるのですけれども、科学者特有の冷徹《れいてつ》さというか、まあ、理性はあるけれども愛が薄《うす》いところがあった。

ケンタウルスαも受け入れはしていたのですが、βのほうもやって来ていて、ここは非常に科学技術が進んでいて、地球的に見れば〝心がない〟状況《じょうきょう》で、弱い者をどんどん平気で殺戮《さつりく》していくようなところがあった。

そういう、レプタリアン系の、いわゆる〝餌《えさ》として捕食《ほしょく》していく系統の考え方〟をしやすい、食料として人類を考えるタイプの人たちも、ちょっと度を超《こ》した者たちには困りました。もう一つは、このケンタウルス系でも、度を超した破《は》壊力《かいりょく》、破壊に関心のある種族、こういう人たちも来ていたので、この両者と戦いが必要になってはおりました。

これはけっこう大変な戦いでして、特にケンタウルスβ系の人たちの場合は、現代で言うと核《かく》兵器に当たるものを持っていたので、これを改心させるのは大変なことでした。

もちろん、光速を超える速度で宇宙を航行できる人たちですので、現代の、光速まで出せないレベルで飛んでいる地球のロケットぐらいしかない人たちが持っている核技術ぐらい、とっくの昔に、そんなものは持っているものですけれども。彼らは、ある意味で、本当に、小型の惑星《わくせい》一つぐらいだったら消してしまえるぐらいの力を持っている科学兵器を持っていたので、自分たちの言うことをきかないと、地球ごと消しかねないぐらいの、まあ、そういうところがあって、植民地化をはっきりと目指していた。

マゼラン星雲系、特にゼータ星系の、あとから来た人たちは、やはり食料としての人間や、その他の、ちょうど手ごろな哺乳類系《ほにゅうるい》のものを飼育しようとする傾《けい》向《こう》はあったと思うのですが、こちらのケンタウルスβのほうは、はっきりと言って、戦闘《せんとう》がゲームのような感じで、生きがいといいますか、相手を倒《たお》すことに生きがいを感じる人、まあ、これは今も、現代もいっぱいいると思います。

敵に勝つ――。スポーツも、だいたいそうではないですか。「勝敗を決める。勝つところと負けるところが出ることをよしとする」という考えもありますけれども、この「相手に勝って喜ぶ気持ち」というのは、これも名残《なごり》なのです。

ケンタウルスβのほうは、要するに、戦争は大好きなんですよ。それも、科学技術を用いて相手を滅《ほろ》ぼすことが大好きなので、いろんな武器を持っていました。

もちろん核兵器もありますけれども、それは簡単に使うものではありませんが、それ以前の段階の武器といわれるものは、かなり持っていました。

現代のものとどう違《ちが》うかということですけれども、うーん、そうですね、ほとんど宇宙船のなかにあって、地上と代理戦争できるようなものを送り込《こ》んできていたということですかね。

ですから、〝ゲーム感覚〟で、宇宙船のなかで、いろんなロケットやミサイルのようなものを扱《あつか》うこともあれば、それとは違った特別な姿を持ったロボット型のものを地上に送り込んで、いろんなものを破壊したりするようなことはあった。これは、本当に、地球侵略の宇宙人の姿によく似ていると言えばよく似ているかもしれませんが、直接、手を下さずに、そういうものを送り込んでやるというようなことがあった。

こうした〝ゲーム感覚〟で破壊を好む者もいて、こういう者と戦うのに、もう地球に同化して長くなっている者は少し弱くなって見える系統があったので、他の宇宙の人たちの助力も得る必要があったということです。

そういう、宇宙戦争の〝代理戦争〟が、やはり当時もあったということです。地球を護《まも》ろうとする宇宙人と、破壊あるいは侵略しようとする宇宙人との戦争があったかと言えば、やはりあったと言わざるをえないですね。

人類は宇宙人とどのように戦っていたか

質問者　当時の人類はどのような武器を使っていたのか、お教えください。
エローヒム　まあ、これはちょっと、あちこちで文明の進化度に多少差があって、滅ぼされたものもあるし、生き残ったものには、それなりの力はあったと見ていいんですけれども、うーん、そうですね。主として、やはり勝つには、地上まで降りてきてもらわないと、なかなか勝てないというのは事実です。

地上に降りてくると、こちらのほうが地上での動きについては敏感《びんかん》ですので、あちらのほうが地上慣れしていないというか、重力とか、空気とか、いろんな感覚ですね、これに慣れていないところを狙《ねら》うことが中心であったので、慣れてしまわれると、なかなか勝てなくなる。

その意味で、私たちが持っていたものは、現代で言うと、やや「戦車」に似たものは持っていたかなと。形は少し違うと思うんですけれども、砲弾《ほうだん》を撃《う》てるような、戦車のようなものは持っていた。でも、キャタピラ型の戦車ではなくて、もうちょっとちゃんとした、車輪を持った形の戦車です。でも、砲塔《ほうとう》は持っていて、そこから砲弾に当たるものを発射できる。

ですから、地上に降りてきたものについては、ある程度のところまでは破壊することは可能なものは持っておりました。

あとは、空中についてては、ある程度の高さになるともう無理になるのですけれども、空中を飛んでいるものについても、ある程度、高射砲に当たるようなものは持っていて、撃ち落とすことはできた。ある程度の高さまでは撃ち落とすことはできた。

それと、もう一つは、グライダー的なものを体に取り付けて、空中を少し飛びながら、武器を持って戦うような人たちもいたということです。火薬に当たるものはもう存在していたので、それを空中で狙ってやる。

ちょっと滑稽《こっけい》に見えるかもしれませんけれども、背中にちょっとグライダー様《よう》のものを取り付けていた。まあ、羽の生《は》える種族の人は、そのまま飛ぶこともできますけれども、グライダー様のものを取り付けて、弓に似たものは持っていて、その先に、ちょっとした、何と言いますか、小型の円錐形《えんすいけい》の爆弾《ばくだん》にも似た、火薬みたいなものを詰《つ》めたものを空中で撃つのです。相手に撃って、当たれば爆発するというようなものは持っていました。

あとは、肉体系、肉体を持ってやって来る者については、そういう肉体に効くものがほかにあるので。貫通《かんつう》するような武器ですね、刃物《はもの》とか、槍《やり》とか、弓に当たるものも十分、使うこともできましたし、形態は今のとはちょっとだけ違うと思いますが、いちおう、人間が考えつくようなものはあった。

刃物に当たるものは、今、使っているような鋼鉄とか、そういうものではないかもしれませんが、やはり、鉱物のなかでかなりの強度を持ったものはあります。そういうものを加工する技術はすでにできていたので、そういうものを使ってやっていた。

もうちょっと、私たちに比べれば原始的な動物というか、そういう生き方をしている人間にとっては、それほど高度なものはできないので、要するに、熱を加えて、そのあとガンガンと叩《たた》けばパリッと割れて、雲母《うんも》のように、薄くて切れ味の強いような面を出して割れるようなものを鏃《やじり》、もしくは槍の先に付けて、そういうものでも十分に殺傷ができる。動物とか、あるいは肉体を持った宇宙人であれば十分に殺傷できるもので、こういうものをつくっている者もあれば、私たちみたいに、やや金属的なものを使える者もいたということです。

「プレアデス文明」「ベガ文明」の特徴《とくちょう》と、「地球文明」とのかかわりとは

エローヒム　宇宙戦争は現実にあったし、あと、もう一つは、ベガ星を中心にして、地球を防衛する宇宙の防衛軍が組織はされていたので、常に偵察《ていさつ》的に回ってはいたけれども、危機が来た場合には、他の星からも応援《おうえん》が駆《か》けつけてきて防衛してくれるようなことはあって、このへんは、よく提携《ていけい》できていたのではないかと思います。

質問者　当時、さまざまな宇宙の勢力が、どういう意図を持って地球に来ていたのか、お教えください。

エローヒム　まあ、それは、地球にわれわれが転生《てんしょう》してくるというか、「新しい文明」をつくろうとして来る前のルーツのところと関係があると思うのですけれども。

地球の主力というか、考え方、地球的な智慧《ちえ》や正義のもとになるルーツのものは、かつてベガやプレアデスで人類型の宇宙人が生存していたときに持っていたものを、かなり濃厚《のうこう》に持っているものです。

ただ、プレアデスは、やはり美とか、調和とか、繁栄《はんえい》を、ある程度大事にしていたし、ベガの場合は、まあ、トランスフォームを中心にして……。

だから、プレアデスが「自我の文明」なんですよ。自我でも、自我を極力磨《みが》いて、美しく見せていくかたちの人間の進化を目指す星がプレアデスなんですが、ベガのほうは、限りなく「無我《むが》の世界」で、自我というものをできるだけ消していって、周りとの調和をつくり出すことによってユートピアをつくっていこうというのが、基本的にベガの考えです。

プレアデスとベガは、向かう方向は別なのですが、別のかたちでユートピア社会をつくろうとしていたものなのです。

プレアデスのほうが、やや先行していた文明ではあるのですけれども、プレアデスのほうは、どちらかというと、今言った、そうした戦闘系の諸民族から見れば〝やや緩《ゆる》い〟考え方を持っていたので、好戦的な種族にだいぶ狙われた部分があって、長い年月をかけて、次第《しだい》しだいに追い込まれていって、他の惑星、主としてベガ系に逃げてきた者が多いとは思うんですけれども、文明が消滅《しょうめつ》した所もあります。

そういうことで、プレアデスから入ってきた人たちが、ベガ星に、もう一つ、「そういう無我の思想だけでは十分ではない。そうではなくて、もうちょっと美しさや優美さ等も取り入れようではないか」ということで、そういうことも入れて、微妙《びみょう》なバランスを、まあ、ちょっと変化を起こした面はございます。

そういう意味で、プレアデスやベガを経由して、地球に文明の主力部隊が来ていて、これが、だいたい地球の中心的な部分をつくっていたので、それ以外の宇宙の人たちも来ていましたけれども、どういうかたちに同化するかということが、基本的に問題なところでした。

まあ、プレアデスもベガも、ある意味では、そのもともとの金星文明などから分かれてきたものであるのです。ある意味で、「自我を突《つ》き詰めて、人間が神になる道というか、そういう人間的発展を目指した文明」と、「無我を突き詰めていって、大調和のなかに、神を、神なる自分をつくろうとする文明」とが融合《ゆうごう》されてきつつあって。この両者を地球には導入してきたところがあるのです。

しかし、それだけでは進化が十分でないので、傾向的には、やや競争心が強い傾向があるんですけれども、レプタリアン系も一部導入がなされて、それでちょっと文明の変化が起きて、争いなんかも起きるようになった。そうした、ものの考え方の違いや行動パターンの違いから、内戦とかそういうものも起きるようになってきた。

それと同時に、「母星やそれに関係するものが、地球を目指して、いろいろやって来るようになってきた」というようなことがございます。

だから、もう、ほんとに「スター・ウォーズ」の世界になってきて、地球に来る前の段階で、ほかの星での宇宙戦争ももうすでに起きてはいたので、そういう戦いをいろいろ繰《く》り返してきていて、プレアデスのある星も滅びてはいるし、たぶん、はくちょう座のある星も滅びていると思いますけれども、ほかにも幾《いく》つか滅ぼされた星はあると思われます。

そういうことで、「やっている間に合従連衡《がっしょうれんこう》はいろいろ起きて、助け合えるところと助け合えないところとが出てきた」ということは言えると思います。

地球防衛の任に就《つ》いた「三つの義勇軍《ぎゆう》」とは

質問者　地球防衛のために他の星からどのような協力があったのでしょうか。

エローヒム　まあ、種類は幾つかあったのですけれども、いわゆる、その獰猛《どうもう》型のレプタリアンの、さらに獰猛なかたちのやつを、どう抑《おさ》えるかということと、そうした科学技術による、ゲーム感覚での、まあ、「ハンガー・ゲーム」（二〇一二年公開、アメリカ映画）ですね、殺人ゲームみたいな感じのやつをどう抑えるかと、この二種類が基本的なもので、「多くの者が調和しながら繁栄できるか」

という世界をつくっていくことが非常に大きな課題だったわけです。

それで、これを取りまとめる人も必要でして、それぞれの星で、まあ、ベガはベガで、その防衛もいれば、そこをまとめている人もいたわけですけれども、義《ぎ》勇《ゆう》軍的に、他の惑星まで、そうした、プレアデスやベガから分かれてきた人たちを護ろうとする人もいたわけです。

そんなことで、「スター・ウォーズ的な戦いのなかでも、やはり勇者はいた」と言わざるをえないと思うのです。

それで、一つは、ベガと関係がある部隊があり、それから、もう一つの部隊は、極度に科学技術の進化したものと極度に凶暴化したものを抑え込むために協力する者として、アンドロメダのほうから救援に来た「義勇軍」がいた。

それから、もう一つは、いて座といわれている方面から来た、イエス・キリストを中心にする人たちです。愛の思いをすごく強く出すことで、愛と犠《ぎ》牲《せい》の教えをもって、そうした者（獰猛型のレプタリアン）を〝思想的に弱めて〟いこうとする。そういう、戦争に反対し、殺戮《さつりく》に反対し、生きとし生けるものが捕食する関係に反対する考え方をする、イエスを中心とする、今よく知られている天使団の仲間たちも来ていた。こちらには、あまり戦闘というのをしない人たちが多いんですけれども、そうした、まあ、カルチャー替《が》えによって戦おうとする勢力、第三勢力です。

「この三つの義勇軍が、この地球防衛の任に就《つ》いた」という感じですかね。

5　宇宙において行われている「創造」と「破壊《はかい》」について

〝宇宙の悪役〟に当たる存在とは

質問者　宇宙の邪神《じゃしん》と、地球を侵略《しんりゃく》に来ていた宇宙人とのかかわりについて、お教えください。

エローヒム　これは難しいですね。だから、宇宙的に見て、地球霊団《れいだん》から見て、悪と思われるものの、そのまた根源のものがやはりあるということでしょう。

だから、その〝悪のイデア〟みたいなものは、まあ、あることはあるということです。宇宙のなかにある、ある意味での〝破壊《はかい》作用〟と見てもいいかと思うのです。

だから、それには「完全に不要」とも言えない部分があって、星にも終わりが来るし、文明にも終わりが来るように、あるいは木とか葉っぱでも、やはり腐敗《ふはい》していくことによって、また「新陳代謝《しんちんたいしゃ》」が行われていきますね。

動物も、死ねば、その死骸《しがい》が腐敗して土に還《かえ》ることも大事です。そうした腐敗菌《きん》や、そういう〝破壊作用〟というものも、宇宙全体の「新陳代謝」、転生輪廻《てんしょうりんね》にとっては必要なところがあるので。そうした役割を担《にな》っているものは、一定の期間を取って見れば、やはり悪として見える部分は当然ある。

例えば、人間にとっては病気は悪ですね。ないほうがいいでしょう？　病気も悪だし、事故も悪だし、人殺しも悪です。そういうことはある。まあ、それは悪ではあるけれども、ただ、永遠の生命を地上に持つことはできないから、何らかの病気や事故、あるいは殺人や自殺や、いろんなものが起きて、寿命《じゅみょう》が終わることになっている。「寿命が終わる」ということを逃《のが》れることはできない。

そういう意味で、三次元宇宙において、この生命の「創造」がなされ、「破壊」がなされ、生まれたり消えたりし、大きなレベルでは民族や人類の創造と破壊が行われる。さらには、星自体の創造と破壊が行われますけれども、生きとし生けるもの、三次元に生きているものにとっては、嫌《いや》なことと思われるようなことの根源にある作用も、やはり一つあるわけです。宇宙を二元化、善と悪の二元化する意味で、まあ、「裏宇宙」ともいわれるのかもしれないけれども、そうした裏から糸を引っ張っているものは存在する。

だけど、彼らから見れば、「それもまた宇宙の存在の意味の一つなんだ」というふうには考えているわけです。

だから、「愛だけがすべてではありませんよ」と。愛する者が死ぬということは悲しいことだけれども、死んでくれることによって、新しいものがまた育ってくるわけです。親が死ぬことは悲しいことだけれども、死んでくれることによって、子供がまた親になって次の子供を育てるようになってくる。そういうことで、文明が滅《ほろ》びるのは悲しいけれども、また別のところで「新しい文明」が生まれてくることもある。

そういう意味での、一定の存在が許されている部分もあるのだろうとは思うのです。

だから、まあ、〝宇宙の悪役〟の部分はあると思います。それが、いろんなところ、自分らが影響《えいきょう》しやすいところに出てきて作用しているというふうに見てもいいのかなと思います。

宇宙全体から見れば、地球は今、時期的に〝旬《しゅん》〟を迎《むか》えている

質問者　地球をめぐっての戦いがあったということは、地球は宇宙のなかでも特

別な星だったのでしょうか。

エローヒム　うーん、まあ、そういうわけでもないんですが。宇宙には、もう、たくさん似たようなシチュエーションはあって、宇宙自体が、ある意味で〝地方自治〟をやっていまして、今、地球に住んでいるから、その地球中心の話になっているだけで、ほかの銀河では、また、ほかの話もたくさんあるわけで、同じようなこと、攻防戦《こうぼう》はやっているわけです。

例えば、プレアデスのある星なども、結局、その攻防戦で敗れたのですけれども、敗れたときに、まあ、自分たちの民族の純粋化《じゅんすい》というか、同種類のもの以外はあまり受け付けない傾向《けいこう》が強かったために、異質なものと戦うのに、「自分たちと異質なものでもって戦う」という考え方が弱かった。

だから、〝純粋培養《ばいよう》〟ですね、ある意味でのね。美的なるものの〝純粋培養〟

でいたら、弱い。美的なるものは弱いですよね、どちらかといえばね。醜《みにく》いもののほうが強い、はっきり言えばね。その醜いことができない。だから、彼らは戦いには弱かった部分があって、文明としての滅びに至ったことはあります。

まあ、身近なものでは、そういう経験を積むと智慧《ちえ》がついてきて、次は、ちょっと考え方を変えてくるというようなこともあるわけです。

ベガだって、いつも勝っているわけではなくて、ベガのなかの伴星《ばんせい》の一つは侵略されたことがある。そういうことは経験としてはあるので、だんだんに智慧がついてきている。

だから、ある程度、グループ、魂的《たましいてき》につながりがあるところは、まあ、チームを組みやすいということです。

宇宙全体から見れば、まだほかにも、いろいろといろんな文明が展開されていて、地球は今、たまたま時期的に〝旬《しゅん》〟を迎《むか》えているというか（笑）、そういう時期に当たっている。生命が生まれて文明が誕生し、発展していく時期にかかっているから、そういうふうに使われているだけで、ほかにも地球みたいなところはいっぱいあって、それは別の種族の人たちがまたやっているところがあります。銀河はすごく大きいのです。宇宙そのものは大きくて、あなたがたが属している銀河みたいなのも、もう、数え切れない数がまだほかにも存在しているので、自分たちが認識できる範囲《はんい》のなかで活躍《かつやく》を今なされているということです。

イエスの魂《たましい》が地球文明に持ち込《こ》んだ考え方とは

質問者　地球を救援《きゅうえん》に来たイエス様の宇宙の魂《たましい》によって、どのような考え方や価値観がもたらされたのか、お教えください。

エローヒム　エドガー・ケイシーさんから、「イエス・キリストの宇宙人リーデイングをやるべきだ」ということを、もう二度ほど勧告《かんこく》されているのだけれども、こちらの（霊言《れいげん》の）ほうが先になったので、そこが埋《う》まっていない。

まあ、イエスの宇宙人リーディングというのは、キリスト教徒にとっては、ちょっと信じられない、震《ふる》え上がるような内容になるけれども、まあ、あなたがたから見れば、そろそろ必要なことで、「何をしに（地球に）いるのだ」ということは必要だと思うのです。これは別途《べっと》、あちらのほうに訊《き》いてもらったほうがいいとは思います。

私たちから言うと、例えばアブラハム。まあ、人類の……、神を信仰《しんこう》している人は、信仰の証《あかし》として、犠牲《ぎせい》というのかな、「犠牲を伴《ともな》うのだ」という考えみたいなのがあるではないですか。このユダヤの思想でもね、もともと。何らかの犠牲、要するに、迫害《はくがい》が身に及《およ》んだり、災難が身に及んだり、神の怒《いか》りが身に及んでも、すべて、それは信仰のためであって、「信仰というのは犠牲を伴うものだ」

という考えを持っている。そして、「その犠牲を差し出すことこそ、神への最大の愛なのだ」という考えが基本的にあるわけだ。

イエスの、まあ、向こうに訊かないと、ちょっと分かりませんけれども、この考えを、いちおう地球文明のなかに一部持ち込《こ》んでいる部分はあります。

それで、優《やさ》しさは基本的に持ってはいるのだけれども、優しさというのは、気をつけないと……。「強いから優しくなれる面」と「優しいから弱い面」と、両方あるのですね。優しいけど弱い面も、一部あることはあって、彼らは犠牲になっていく傾向のある魂なのです。

だから、「地上にある命を少し軽く見る。軽《かろ》んじて、それを軽んじることによって信仰を高める」という考えがあるということです。

だから、イエスが十字架《じゅうじか》に架かることが、救世主の証明だし、キリスト教の救いになっているけれども、考えてみれば、「人類を救いに来た人を十字架に架けて屠《ほふ》ることによって、人類が救済される」という思想というのは、極《きわ》めて異常な思考がそのなかにあることは言えると思います。

ただ、こういう思考が入っていること自体は事実で、今、地球を二分化する考え方のなかには一つ入っているのです。

だから、日本においても、左翼《さよく》のリベラリズムという考え方、あるいは、アメリカでも、民主党系統の考え方のなかには、こういう、少数者や差別される者、異《い》端《たん》になる者等を救い、強い者を挫《くじ》くみたいなところが傾向としては流れていて、正義の流れとして分光されていると思うのです。

6　エローヒムを護《まも》る「プロテクター」

質問者　アルファ様の時代のガイア様は、エローヒム様の時代にはどのような役割やお姿でいらっしゃったのでしょうか。

エローヒム　それを言わせますか。

（約五秒間の沈黙《ちんもく》）まあ、エローヒムを護《まも》る者も必要ですよね。だから、そういうプロテクターとしての気持ちは持っておられたので、「地球防衛」という考えもあろうけれども、ガイアの使命はちょっと……。地球防衛は当然あるけれども、ほかにもそれは戦ってくれる人がいっぱいいるので、ガイアは主として……、だから、「エローヒム防衛」が主とした考えにはあったのではないかと思います。

それで、姿は、本当に何と言うか、「母であり、護るための戦士でもあらなければならない」ということで、実は、ガイアはアンドロメダの協力を受けておりまして、アンドロメダの最強の遺伝子交配による肉体改造が行われまして、そういう、ただの熊《くま》ではなかった（笑）。ただの熊ではなくて、〝善悪を体に表した熊〟であったと。まあ、「ジャイアントパンダの原型」に当たるものが、アンドロメダの遺伝子を受けてつくられた。

ただ、単なるパンダではなく、普段《ふだん》は母のように包み込《こ》む〝毛深い愛〟を持っていた。けれども、いざというときは、爪《つめ》が強力な武器として伸《の》びるわけですよ。爪が強力な武器として伸びて。いわゆる、先ほど、最初に言われた「X《エックス》-MEN《メン》」で言うと、「X-MEN」のなかでいちばん強い人は誰《だれ》ですか。ウルヴァリンでしょう。これがジャイアントパンダの〝カンフー拳《けん》〟です。

要するに、鉄の爪みたいなのが強力に伸びてきて、これでカンフー拳よろしく、敵をなぎ倒《たお》していく。必要なときには、足の爪まで伸びてきて、（手足）四本の武器で、（爪の）合計何本？　二十本以上の爪が伸びてきて、これを自由自在に操《あやつ》って敵をズタズタに切り裂《さ》いていくという。

主として「防衛のカンフー」なのですが……。防衛カンフー的なものではあるけれども、そういうジャイアントパンダが怖《こわ》い姿に変身し、目つきも当然ながら変身して、目も炎《ほのお》のように輝《かがや》き始めるし、最悪の場合には、いちばん怒《おこ》ったときには、パンダの頭から角《つの》が生《は》えてくるという最終兵器があった。

この角がまた、ユニコーンのようなすごいやつですね。これまで生えてきて、これで頭突《ずつ》きをかける。頭でぶつかっていく傾向《けいこう》があって、それは、巨大《きょだい》な爪と、頭から出てくる巨大な角で突進《とっしん》していくというのが基本的なパターンです。

ただ、それでも専守防衛で、エローヒムの周りを固めているので。「エローヒムに忍《しの》び寄ってくる者を倒す」ということに専念しているので、これで十分です。普段は優《やさ》しい、包容力に満ちた、慈愛《じあい》に満ちた母のような姿を取っているが、場合によってはそういう強力な防衛活動をします。

ただ、攻撃《こうげき》を中心にした遠征《えんせい》はしないで、主として、エローヒム宮殿《きゅうでん》の周辺の防衛を中心にやるというかたちです。

これは突然《とつぜん》変異的につくられた肉体ではあるんですが、この基本的な原型を模《も》倣《ほう》されて、後《のち》の世に、今、「愛と平和の使者」のパンダのような姿が一部残されているというふうな感じに見てもよいのではないでしょうか。

質問者　ガイア様のエローヒム様時代のお名前は何とお呼びしたらいいのでしょうか。

エローヒム　えっ？　ええ……、パン……、パン、パン……、ええっとねえ……、

（約五秒間の沈黙）「パングル」という名前。

パングル様でよろしいかと思います。

7　エローヒムが説いていた教えとは

質問者　エローヒム様は、当時、どのような教えを説かれていたのか、お教えください。

エローヒム　まあ、宗教の基本の、要するに「善悪の教え」を、時代性と環境性《かんきょうせい》を見ながら中心に説いておったということと、闇《やみ》の勢力というか、ダーク世界の力もかかってはきていたので、やはり、「光の教え」ですね。「光」と「善悪」……、「光」「信仰《しんこう》」「善悪」の教えを中心に説いていました。

だから、イエスの教えも一部入ったかもしれませんけれども、「徹底《てってい》的に、単なる侵略《しんりゃく》や殺戮《さつりく》というようなことはよろしくないのだ。やはり、すべての生きとし生けるものは『命を長らえて繁栄《はんえい》したいんだ』という気持ちを持っている。それを理解して、調和と、それから、秩序《ちつじょ》を守るための正義を樹立して、やはり善悪というものを人に教えて、悪を避《さ》け、善を推《お》し進めるということを中心に考えなければならない」ということを、いろんなかたちを通して説いていたというふうに言ってもいいと思います。

だから、「悪と戦うなかにも悪が生まれることもあるけれども、いわゆる正当防衛的な意味での戦い方は、それは許容する」という考えではあったと思うのです。

だから、「正しい者が完全に滅《ほろ》びてしまうというのは、あまり望ましいことではなく、悪がはびこることもよろしいことではないのだ」と、「正しい者が、やはり発展・繁栄していくことはよいことなのだ」という考え方を持っていたと思います。
ちょっと、〝化《ば》け物世界〟みたいな話がいっぱい出てしまって、まことに困りましたね。

質問者　（笑）。今日は長時間にわたり、貴重なお話をありがとうございました。

エローヒム　あと必要なことがあれば、また追加していきましょう。この内容は簡単に明かしていいのかどうかは分かりません。秘《ひ》さなければいけない面も一部あるかもしれません。
では、ありがとうございました。

大川隆法　（手を二回叩《たた》く）まあ、神話の時代ではありますけれども……。

多少、絵が見えるような言い方はしてくれたかとは思います。あとは、物語性のところは、もうちょっと汲《く》まないと無理かとは思いますけれどもね。

まあ、いちおう語りましたので、これを絵に映して、物語に手を加えて、ストーリーを上手につくれば、何かはできるでしょう。

では、とりあえずは、第一次資料としてお使いくだされればと思います。

ありがとうございました。

第2章　エローヒムの霊言《れいげん》

―エローヒムとその時代―

二〇一八年二月十三日　収録
幸福の科学　特別説法堂《せっぽうどう》にて

［質問者二名は、それぞれＡ・Ｂと表記］

〈霊言《れいげん》収録の背景〉

映画「宇宙の法―エローヒム編―」のシナリオを補強するに当たり、エローヒム様に当時のご様子等をお伺《うかが》いした。

1　エローヒムの時代とその後

魂《たましい》を肉体に宿らせることのリスク

エローヒム　何を補強すればよいのか。

質問者A　現段階では、登場人物の設定が決まってはいるのですが、戦いしかほぼないので、登場人物とかはいったん外して、エローヒム様ご自身として、実際はどんな時代であったと思われていますか。

エローヒム　うーん。まあ、地上は原始的でしてね、魂《たましい》を下ろすことは非常に危険な時代ではあったんです。魂を宿らせるところの肉体が非常に原始的なものが多かったので、肉体に宿ることによって、魂が霊的《れいてき》に低下する可能性が極《きわ》めて高かった。

だから、霊界《れいかい》にいたほうが低下しないで済んでいたのを、地上に生まれることによって、魂が低下する可能性が極めて高い。野蛮人《やばんじん》の戦いみたいになったのでは、どうしても退化します。そういう感じは強かったのですね。

いやあ、でも、霊界の場合は体験できないものもあったので。まあ、霊界はどうでしょうか。例えば、映画で出てくる主人公たちの行動が実際にあったかのように思い込《こ》むのが、「霊界」なんです。だけど、「地上界」というのは、実際に人が殴《なぐ》り合えば、痛い世界ですよね。霊界では、殴り合っていても映像の世界であって、本当にそうではないことはありえるということだ。

だから、向こう（霊界）から見れば、こちらの世界は、三次元世界は〝フィクション〟だけれども、三次元世界から見れば、〝霊界のほうがだんだんフィクションに見えて〟くるようなところで、そうした〝主従逆転〟が起き始める時代です。それが私の時代でした。

だから、「霊的な本質を見失ってはならない」ということを教えなければいけない。「この世のほうが楽しくなったり、この世のほうで権力欲が満たせたり、地位欲とか財産欲とか、あるいは異性に対する欲望とかのほうが本命というか、最終的な目標になってしまったら、還《かえ》ってくるところはなくなるよ」という時代ではありました。

だけど、大勢の、億の人数を地上に下ろしていくと、やはり地上のほうに負けてしまいます。食料のない時代は、食料を手に入れることに必死だし。肉食であれば、血も流れる。命を失うこともある。肉食でなければ、やはり農耕というような地味な作業も続けなければいけなくなってくる。

まあ、基本的に、農耕のほうがやや文明度を高める可能性は高かったとは思います。肉食のほうも、武器とか罠《わな》をつくったりすることはありましたが。

だから、食べなければ生きていけないということは、極めて、この地上に対する束縛《そくばく》の大きな生き方ではあるわけです。そういう意味で、そういうなかにおいて、「目に見えないあの世の世界のほうが、本当の世界なんだ」と教えることはとても難しいことで、本当の意味での信仰心《しんこうしん》というのを教え始めたのは、私たちの時代なのではないかというふうには思います。「目に見えない世界を信ぜよ」ということでした。

質問者Ａ　逆に、どんな映画に描《えが》かれたら不愉快《ふゆかい》だとかはおありになりますか。

エローヒム　うーん……。まあ、「スター・ウォーズ」みたいなのにしたいのかなとは思うんですけれども、あれも、現代人の貧困《ひんこん》なる想像力の賜物《たまもの》ですから。機械類だけ進化したように見せているだけですから。そして、霊的なものや信心の部分が、ほとんどフォースというようなもので、一種の念力《ねんりき》……、〝念力信仰〟になってしまっているような感じかな。そういう意味では「深さ」がないです、全然ね。

質問者Ａ　精神性の深さがないですよね。

エローヒム　われわれの時代は、だから、高級霊界から地上に下りるということはすごくリスクのあることで、高級霊界から下りて、同じような肉体をまとって、ご飯《はん》を食べなければ生きていけないような肉体的コンディションを持ちながら、しかもまた、神の世界へ、高級神霊《しんれい》の世界への信仰心を呼びかけて、そこに還れるような条件をつくらなくてはいけない、地上にいる間にね。それは、とてもとても難しいことではありました。だから、目に見えぬものを信じさせるということ、これが難しい。

霊能的なものは、本来はみんな備わっていなければいけないのですが、地上でやはり獲物《えもの》とかを追いかけたり、部族間の抗争《こうそう》なんかをやったりしているうちに、そういうもの（能力）がかなり落ちてきたのは事実です。

まあ、宇宙人云々《うんぬん》は、確かに来ていたことは事実だし、人類種やほかの動物たちの祖先になったものもかなり入っていることは事実であるので、単なるダーウィン的な自然の淘汰《とうた》によって進化してきたわけではありません。「進化」の部分も一部あるが、「退化」のほうが大きいかもしれない。地球的退化も十分起きているので、この退化していこうとする、〝堕落《だらく》に対する逆噴射《ぎゃくふんしゃ》エンジン〟としての信仰、神への信仰を説かねばならなかったということです。

堕落《だらく》の条件との戦いと、地獄界《じごくかい》の始まりについて

質問者A　先ほど、映画「宇宙の法」のPart《パート》 Ⅲ《スリー》の話をしていただいたときに、近年の第一次、第二次世界大戦とかも、唯物論《ゆいぶつろん》とか共産主義との戦いの面もあったというお話があったのですけれども。

エローヒム　唯物論というのは、基本的に、「この世界しかない」ということでしょう？　だから、あなたがたが住んでいるこの地上の世界しかないから、この世界で、どうやってテリトリー戦略をして、王者になるかという話でしょう？

でも、違《ちが》うじゃない。そうではないから、根本的に間違っている。

だけど、地上に生きている人たちはこの世の世界しか見えないから、それに共感する人のほうが多いわけですよ。現実に畑は大きいほうがいいし、田んぼも大

きいほうがいいし、魚も多めにもらえればいいから、〝欲望の分け前のルール〟に勝てなくなってくるわけです。
だから、「堕落《だらく》の条件との戦い」が非常に大事であったので、うーん。

質問者A　そういう確固とした悪というか、悪なる考え方ができ始めてきたので、エローヒム様がお生まれになられたということですか。

エローヒム　というよりも、この地上にあるもの、食べ物とか、家とか、そうした階級差も当然出てくるし、男女の差も出てくるし、着るものの差も出てくる。だんだんそれが目的化してきて、この世で生きるための手段だったものが目的化して、この世のなかで、そうしたものを手に入れるということにみんな執着《しゅうちゃく》するようになってきた。そういう人たちにも、やがて寿命《じゅみょう》が来る。寿命が来ることによって、あの世に還らなければいけない。あの世に還ったときに、元いたような光のある天上界《てんじょうかい》に還れなくなってきたわけです。

還れなくなったらどうするかということですが、やはり地上に近いところに何か住処《すみか》をつくらなければいけないわけです。だから、モグラが土を掘《ほ》るように、地表に近いあたりに住処をつくり始めたわけです。まあ、そういう〝地底人〟だよね。あの世的には〝地底人〟ですけれども、地下に住処をつくり始めて、お互《たが》いに、天上界を見ないでも済む世界というか、天上界の監視《かんし》を受けないでもいける世界をつくろうとし始めていたということです。

この世に生きていたときに、神も仏も信じず、高級神霊も信じなかった人が、死んで急にそういう世界に還れるはずもなく、この世で原始的な生活をした者は、やはり、この世の延長でしかいられないから、地上を徘徊《はいかい》するか、長くなってきたら、自分たち独自の住処をつくらざるをえなくなってきて。そういう意味での

「低位霊界」ができてきたというわけです。

天上界のつくりが、上から順番にできてきたという説もありますけれども、最後は、この地上に生まれ変わり、地上からまた去っていくところの中間地帯というか、霊的に受け入れ地帯としての「精霊界」といわれるところがあるわけです。

これでもまだ、霊的には正しく生きていた人たちの世界であったのだけれども、地上から還った人たちのなかには、比重が重すぎて上がれない人が出てきた。そういう人たちは、岩陰《いわかげ》や洞穴《ほらあな》や、あるいは地下、洞窟《どうくつ》みたいなところを、だんだんつくって、そこに霊的にも住もうとし始めた。

これが、本当は「地獄界《じごくかい》の始まり」です。

そういうものがだんだんできてきて、歩留《ぶど》まりというか、人数が増えてき始めたわけです。まあ、庭園内に食べ物がたくさんあって、野菜、果物が植わっているために、モグラが集まってきて、いっぱい地下道《どう》をつくり始めたような状況《じょうきょう》でしょうか。だから、そういう人たちは（天上界に）還れない。

悪魔《あくま》の始まりや地獄の本格化について

エローヒム　もちろん、人間同士の戦いのなかにも、やはり、神の心を心として戦う者と、それと関係なく、自分自身に所属する者を増やそうとする、欲得のために戦おうとする者たちが出てくるわけです。これは、同じように戦って死んでも、やはり行く先は当然違う。

人を殺すということも出てくるわけだけれども、もう、これだって、やはり、正義的観点からやむをえないというか、そうすべきであったと思われる場合と、やってはならない場合と、両方ありえることになります。

だから、人を殺してもいい場合というのは、相手が悪の組織みたいなものをつくって、理不尽《りふじん》な行動を繰《く》り返しやっているようなものですね。こういうものに対しては、やはり、この世的にも裁きというか、けじめが要《い》るだろうということだ。「善悪というのは、あの世に還ってから初めて分かる」というのでは遅《おそ》いので、この世的に善悪というのは分からねばならない。

その意味での「この世での裁き」が要ります。「この世での裁き」は何かというと、リーダーたちが強くなければいけないということです。リーダーたちが強くなって、法律というか、掟《おきて》というか、契約《けいやく》を、みんなの社会契約を破るような人たち、共同生活の掟を破るような人たちを、やはり「罰《ばっ》するシステム」が要るわけです。

ですから、それが地上的に現れれば、やはり、「反乱軍を打ち破る」ということにもなるし、その首魁《しゅかい》に当たる部分の「処刑《しょけい》」ということもありえるわけです。まあ、これが、サタンというか悪魔《あくま》の始まりです。

そういうものが、ある程度、続いていって、三千万年ぐらいは下っていって、一億二千万年ほど昔に、堕天使としてルシフェルというのが出てきたという話です。

これはミカエルの双子《ふたご》の兄弟であって、よく、それは神霊界の問題としても、「暁《あかつき》の子」といわれている。〝the Son of Dawn《ザ サン オブ ドーン》〟です。だから、「夜明けの子」ですよね、「暁の子」といわれていた者です。

確かに、外見上、光り輝《かがや》いていた子であったのだけれども、これが地上に生まれたときに間違いを犯《おか》して、欲にすごく駆《か》られて、この地上で、まあ、分かりやすく言えば、秦《しん》の始皇帝《しこうてい》みたいな気持ちになってしまったということでしょうか。〝この地上における永遠の生命〟みたいなものを欲《ほっ》するようになってき始めた。神様の声が最初は聞こえていたのが、だんだん、それをきかないようになってきた。

神様に対して、「あなたと私は考え方が違うんだ」と、「考え方が違うんだ」と。

「あなたは父親かもしらんが、それ以上のものではない。だから、全智全能《ぜんちぜんのう》の存在ではありえないし、あなたに、この地上のことのルールのすべてを決められる権限があるとも思えない。地上のことは地上の人に任すべきだ。地上の人たちが考えたルールで、地上の人たちが公平で平等だと思うようなルールを実践《じっせん》すればいいのであって、この地上に住んでいない者には口出しの権利はない。たまに、その言うことをきく人が、『救世主だ』『預言者だ』と言って出て、宣伝するのはいいとしても、ただ、実際上の地上の権力そのものは、そういう人たちには与《あた》えられないんだ」と。

だから、「地上の権力は、やはり、地上で強き者が持つべきであって、より多くを支配した者が、この地上では偉《えら》いんだ」ということ、あるいは、「より多くの人を支配して、服従させた者が偉いんだ」ということになりますね。

そういうことを、ルシフェルが説くようになった。

このもとには、「神への嫉妬《しっと》」があったといわれています。だから、本当は、自分も全智全能になりたかった。神が掟をつくり、宇宙の法則をつくるように、自分自身も、自分が発したもの、考えたことをみんなに守らせて、〝自分の王国〟にしたかった。この地上を、やはり、〝自分の王国〟にしたかったというのが、ルシフェルの原点です。

ところが、この地上を自分の王国にしたくとも、人は「生《しょう》・老《ろう》・病《びょう》・死《し》」があって、年を取れば、やがて地上を去ってしまう。そのときに、生きていたときに神の声に従わなかった、「あなたとは考えが違うよ」と言って、そっぽを向いていた人は、神に合わせる顔がない。

そういう意味で、日陰者になっていた人たちの群れに入るしかない。だけれども、霊力《れいりょく》だけはずいぶんあったために、地獄をさらに深く掘ろうかということになっていくわけです。

だから、地下の世界というものが広がっていくようになって、地獄界が本格的に固まってきたのが、このルシフェルの時代だというふうにいわれているわけです。

地獄的なる価値観を浄化《じょうか》するために

質問者A　その意味では、この世の修行《しゅぎょう》も厳しくて、魂自身が元神格《もと》があるとか、光の天使であるとかであっても、そういうかたち（堕天使や悪魔）になることもあるということですね。

エローヒム　というか、肉体を被《かぶ》ることで盲目《もうもく》になってしまうことが多い。だからね、「パンダルンダ♪」の、歌って踊《おど》ってでも、パンダちゃんの着ぐるみのなかに入ったら……。

質問者A　ああ、重いと。

エローヒム　たぶん世界は見えない。それと同じことですから。あの状態ですから。もともと、その能力はない。

最初のころは、心が澄《す》んでいる人も多かったために、生きながらにして天上界の声が聞けたし、天上界というところをこういうふうには分かっていたし、守護《しゅご》霊《れい》意見みたいなのも察知していた。しかし、だんだん、その守護霊意見みたいなものも受けられなくなっていき始めたり、あるいは、地上を徘徊《はいかい》しているいろんな幽霊《ゆうれい》、幽鬼《ゆうき》たち、悪魔たちが誘《さそ》いをし始める。それで、その声についていったりするということだね。

だから、「隣《となり》の小国を攻め取ったほうが有利だぞ」とか、「分け前は、おまえのほうが多くていいんじゃないか」とか、そんなことが出てくるわけです。

そういうことで、きょうだい喧嘩《げんか》も起きてきます。遺産相続の取り合いとか、そういうことも起きてくるし、女の取り合いとかも起きてくる。きょうだいだって、美人を取り合うことになる。そんなこともあるし、親子でも、そういうことも起きないわけではない。

まあ、厳しい。いやあ、厳しいですね。

そういうことで、「地獄的なる価値観」が確立していく時代が、私の時代からあとに……、私もずいぶん、天上界に還ってからも気にはしていたけれども、まあ、起きてきたわけです。

ですから、それを浄化《じょうか》するためにどうするかという方法を考えたのだけれども、一つは、地上をもう一回ゼロに戻《もど》してしまう方法はあるわけです。

だから、「天変地異」――「地震《じしん》」「津波《つなみ》」「海没《かいぼつ》」「噴火」、あるいは「宇宙からの巨大隕石《きょだいいんせき》の落下」、その他、「環境《かんきょう》の変化」によって、地上の生き物をいったん滅《ほろ》ぼしてしまって、やり直すというやり方が一つはありますが、もう一つは、やはり、違った種類の考え方を持っている人たちを下ろすことで、説得するということです。その意味で、「救世主」なり「預言者」なりを出す。

そういうことでやったけれども、その救世主や預言者たちも、だんだん……、それに素直《すなお》につき従う人たちが、いつの時代も多いわけではないので。偽物《にせもの》、紛《まが》い物も出てくるし、悪魔がそれを騙《かた》ることもあるけれども、地上の人たちにはそれが見えないので、信じてしまうことがある。

そういうことで、うーん……、やはり、この地上は、「神の世界」よりも「悪魔の世界」のほうに近くなってきたところはそうとうある。

まあ、これが「堕天使論」ではあるけれどもね。

2　地獄《じごく》や裏宇宙はいかに形成されていったのか

人間が試《ため》され続けている自覚とは

質問者B　いちおう、映画「宇宙の法」のPart《パート》 Ⅱ《ツー》として描《えが》くのですが、宇宙人との関係などは、何かありますでしょうか。「宇宙人の介入《かいにゅう》で核《かく》戦争が起きた」というお話は伺《うかが》ったことがあるようなのですけれども……。

エローヒム　まあ、そういうことでもう、すでにいろんな星が滅《ほろ》びてきていますから。だから、「今、地上にある核よりも、もっと大きなものが存在していた」ということは事実です。

星そのものが滅びたことがいっぱいありますので。理性があって、「神の正義」というものがあるうちは保たれていたバランスが、破られるときですね。悪なる者の手にそういう強大な兵器が与《あた》えられたときに、いやあ、滅びてしまうということはありえます。

今の問題で言えば、北朝鮮《きたちょうせん》なんかが核ミサイルをいっぱい増産しようとしているのに加担すれば、おそらく、それはいろんな民族が滅びたりすることにもなるでしょう。

善悪の問題は、でも、すぐには分かりがたい。

質問者B　はい。

質問者A　逆に、エローヒム様から見て、何か、「描いてほしい」というようなポイントは……？

エローヒム　うーん。

質問者A　まあ、あまり肉弾戦《にくだん》というか、力による戦いだけで対抗《たいこう》できるものでもないとは思うのですけれども。

質問者B　「エローヒム様vs.悪質宇宙人＆裏宇宙の邪神《じゃしん》」ということになっているのですけれども、この設定は……。

エローヒム　うーん……。人間は考え方の違《ちが》いがあるから。自由のなかにも、天国と地獄《じごく》が分かれる面はあるわけであって。

その考え方を実践《じっせん》したらどうなるかということは、やってみないと分からないことがあるわけです、成功するか失敗するかがね。

その成功も、地上的な成功のみなのか、天国的にも成功に当たるのかどうかという判定は、別にあります。

だから、考え方の多様性を認める以上、地獄は必ず出てくる可能性はある。

しかし、地獄が地獄である理由は、多様性が出てきたけれども、やはり、多数派が必ず少数派のほうを処罰《しょばつ》しようとする傾向《けいこう》が出てくるので、そういう意味で少数派のほうは不成仏《ふじょうぶつ》になることが多いということです。それが最初の地獄の出てきた理由ではあるのだけれども、だんだん民主主義社会になってくれば、逆になって、今度は地獄的な勢力のほうが多数になることも出てきているわけです。

そうであれば、主権者である国民が全権を握《にぎ》っているという前提が、必ずしも正しいとは言えない。

「主権は神にあり」という考えもあるわけです。神は自分の意にそぐわない民族を繁栄《はんえい》させる気持ちはないということもありえるわけです。その場合には〝滅びの天使〟が出てくることにもなるわけです。

だから、やはり、人間は「被造物《ひぞうぶつ》」という自覚を持っているかどうかを試《ため》され続けているし、神は「創造者としての人格」を維持《いじ》できるかどうかというところは大きいことです。

「神の子としての資格」を失うとき

質問者B　ルシフェルが堕天使《だてんし》となって、悪魔《あくま》ルシファーとなりましたが、この事実に宇宙的な要素はかかわっていたのでしょうか。

エローヒム　うーん……、だから、他の宇宙から地球に来ていた者であったことは事実だろうと思います。

それで、「エル」の名が付いているというのは、主として中東やイスラエルを中心とする世界での、まあ、ある意味では「神の光」の意味はあったと思うので、神のお手伝いをする者であったとは思うんです。

ただ、いつの時代でも、そういうふうに、集団でやるときには、裏切り者、排斥《はいせき》される者は出てきます。

そういうときに、素直《すなお》に従順であれば悔《く》い改めることはできますが、反省する気持ちがなければ、やはり、周りから追い出されて隔離《かくり》されるということはあるでしょう。

だから、神の子としての創られ方はしたのでしょうけれども、神の子として創られても、あるいは、自分自身が「神だ」と崇《あが》められるようなことがあっても、大きく道を外した場合には、地獄へ行くことはあるということでしょう。それをやはり意味している。
神の子であったとしても、邪悪なる目的でもって、例えば核兵器を使って大勢の人を殺したとかいうことになりましたら、それは、やはり神の子としての資格は失う可能性は高いでしょう、一般《いっぱん》的にはね。

質問者A　うーん……。エローヒム様の時代に、宇宙人も、きっと、いろいろな星から来ていたのですよね。そのなかでエローヒム様が出られたりとかして、地球的な正義とか価値観を説いてくださっていたということですものね。

エローヒム　星によって、多少、違いがあるからね。

質問者A　はい。違いますものね。

エローヒム　だから、確かに、「強い者こそ正義だ」という考えもあることはあるのです。

弱い者は食べられる。自然界の掟《おきて》ですよね。昆虫《こんちゅう》でも動物でも、必ずそうなっている。

だから、弱い動物のほうが、防衛をいろいろ考える。保護色を考えたり、臭《くさ》い臭《にお》いを出したり、穴を掘《ほ》ったり、木の上に棲《す》んだりする。

弱い者は、それは防衛を考えるし、強い者は、ますます、牙《きば》を磨《みが》いたり、爪《つめ》を伸《の》ばしたり、足を速くしたりするようになります。

まあ、そういうものはありますから、宇宙全体についても、強者が弱者を支配することが秩序《ちつじょ》を守るという考え方は、やはりあることはあります。

ただ、強者が〝単なる強者〟であったならば、狼《おおかみ》が羊を食べ尽《つ》くすようなことだって起きるわけで、そういう自然界のバランスを崩《くず》すところまでやってはいけないところはあるわけです。

イエス、ミカエル、天照大神《あまてらすおおみかみ》の魂《たましい》の性質について

質問者A　以前頂いた霊言《れいげん》のなかで、地球のほうで戦った人として、アンドロメダ系とベガ系と、あと、イエス様がいました（本書第1章参照）。イエス様は、当時、お名前はなかったのでしょうか。

エローヒム　うーん……、まあ……。イエスは、イマニエルではあるけれども、もっと前であれば、やはりアモールなんだよね。

質問者A　ああ……。アモールですか。

エローヒム　アモールなので。やはり、一つの「愛」というものをテーマにしている人で、その愛の中身は何であるかということに対しては、まあ、地上でも文明実験を数多くなされていた。

だから、民族神の場合だったら、アモールは、身内を護《まも》ることにもつながっていたと思うし、それから、身内を護ることを超《こ》えたアモールも存在しただろうし、まあ、アモールのなかにも、女性的な要素として、「非戦」、「戦わない」という心もあったかもしれない。

多様性はあるけれども、基本的に、愛の多様性を分析《ぶんせき》する人ではあったのだろう。

ただ、ミカエルのほうは……、ミカエルについては、「戦闘《せんとう》」「正義の実現」ではあるけれども、それは必要なものではあったが、ルシフェルはどうかというと、

「極《きわ》めて自己愛性が強い者」ではあったと思う。
だから、「ミカエル 対 ルシフェル」は「太陽 対 月」みたいなところがあったので、ミカエルは太陽のように光を与える存在ではあったけれども、ルシフェルのほうは月のように反射して輝《かがや》いていた面はあったので、自《みずか》らの光ではなかった。
けれども、尊ばれていたところに偽我《ぎが》が生まれてきたということは言えるんでしょう。だから、「天上界《てんじょうかい》で数多い天使たちや高級神霊《しんれい》および、それに護られた神を目指すよりは、地獄界でナンバーワンを目指したほうが早い」という考え方をしたということだ。

質問者B　ナンバーワンになりたいということですか。

エローヒム　だから、例えば巨大《きょだい》な中国に生まれたら、「自由競争をしてここでナンバーワンになるよりは、共産党のなかに潜《もぐ》り込《こ》んで支配者になったほうがいい」というような考え方に近いかもしれません、うーん。

質問者A　（エローヒム様の時代に）天照様《あまてらす》もいらっしゃったんですか。

エローヒム　天照様は……。べガ（星人）というのは、少し……、べガというのは、すごく強い自己主張を持っている者ではなかったのです。

だから、周りに色を合わせながら生き残るようなところがある人たちであったので、強烈《きょうれつ》な個性を持った星の人たちには、やはり押《お》されがちであったことは否《いな》めないですね。

質問者B　戦いとなると、やはり得意な人たちが出てくるのでしょうか。

質問者A　（そういう人たちが）やっていたのでしょうか。

エローヒム　ですから、自分の星が住めなくなっていくと、やはりほかの星を侵《しん》略《りゃく》するというのは、過去、何度も行われていることで、まあ、地球規模のなかで国同士で行われてきたようなことが、「星間戦争」というかたちではあったわけです。

地球を超《こ》えてつながっている〝地獄への連結路〟について

質問者A　地球にも、レプタリアン系だけではなくて、ほかのいろいろな星の人たちが地球を住処《すみか》にするために来ていたというところはあったということですよね。

エローヒム　いや、「文明実験場」として、可能性としては、最初は〝緩《ゆる》かった〟と思います。そのうちにだんだん、住める人と住めない人が分かれてきたし、住めないにもかかわらず、あくまでも執着《しゅうちゃく》した者には、地獄に堕《お》ちた者もいると思います。地獄に堕ちてより、悪魔になった者たちのなかには、自分の元いた星のような地球にしたいと執着していた者もいるはずですから。

ベガの力が強いのは、適応能力のほうを高めようとする努力をしていたから。ただ、適応能力が高ければ、「新しい環境《かんきょう》に合わせた自分たちであればいい」という考え方は出てくるけれども、そういう適応能力を高くしないで、我《が》が強く、自分たちの個性を際立《きわだ》たせて、そのとおりに押し通したいという人たちにとっては、そういう生き方はしにくい。

〝人に頭を下げる生き方〟、あるいは、〝人に合わせる生き方〟というのは、したくはないと。あるいは、「神だ」と自分を思っているなら、「それは神の道ではない」というふうに考える人も、やはり出てくる。

質問者A　何か、その調整もエローヒム様がしなければいけなかったというところはあるのですか。

エローヒム　というか、地球的な……。

質問者A　価値観が何かという……。

エローヒム　「愛」とか、「正義」とか、「真理」とかは何かということを決めていかねばならなかったから、宇宙から来た者が持っている価値観が地球でぶつかったときに、私が「どちらを選び、どちらを選ばないか」というようなことは、天国と地獄を分けることにはなっていったと思います。

だから、宇宙から来た者にも多様性があることは認めざるをえないのだけれども、その多様性がそのままで全部肯定《こうてい》されるわけではなかったということだ。地球において、やはり、適合性があるかどうかということは大きかった。

人間としての寿命《じゅみょう》は有限ですので。数千万年にわたる地獄形成の歴史になってきますと、数多くの人たちがかかわってきているわけだから、地上で戦って戦死した者たちにも、地獄へ来ている者も数多くある。〝無念〟というものが発生したということはある。

まあ、裏宇宙というのがあるかどうかという考えもあるけれども、確かに各星で、それぞれ戦争とかで亡《な》くなった者のなかで成仏《じょうぶつ》できていない人たちの層があれば、そういう者同士が何か「波長同通《はちょうどうつう》の法則」でつながることはあったでしょう、うーん。そういう〝裏ルート〟というのができていたということはありえるだろう。

質問者B　カンダハールという者ですね。

エローヒム　そのへんは、だいぶ〝想像性に富んだ者〟が出てきてはいるけれども（アニメーション映画「宇宙の法―黎明編《れいめいへん》―」〔製作総指揮・大川隆法、二〇一八年公開〕参照）、例えば、星丸ごとが消滅《しょうめつ》させられたようなところにいた、そういうトップであるような人だったら、〝復讐《ふくしゅう》の鬼《おに》〟になってしまうような人もいるかもしれません。

そうしたら、仲間たちを集め始めますから、地獄の〝連帯〟を呼びかけていく者も出てくる。

だから、地球を超《こ》えた地獄とのつながり、まあ、たいていの地獄の霊人《れいじん》はそれを知らないけれども、この地獄、地球の地獄を超えた〝地獄への連結路〟を持っている、支配している者もいることはいるということだ。

光の天使たちが次々と地上に生まれる必要がある理由

質問者A　なるほど。では、「カンダハールみたいな人が確固としている」というよりは、負けた星とか、そういう復讐心とか、悪魔みたいな感じで言われている人たちのその怨念《おんねん》とか、そういうものを総称《そうしょう》すると、そういうふうに描けるというぐらいでしょうか。

エローヒム　だから、新しい星に来て、自分たちが住みつきたいのだけれども、その肉体をなかなか分けてもらえないというようなこともあるわけです。悔《くや》しいけれども、かつては人間、霊であった者も、高い悟《さと》りを得ることができなくて、しかたなく動物の肉体に宿ることで許してもらうというか、「とりあえず動物から始めよ」という、要するに堕落論だね。これもある。

だから、気の弱い動物もあれば、強い動物もある。人殺しが過ぎて地獄に堕ちた者は、気の強い動物のほうに行くかもしれないし、食べられたほうで、無念な者は、弱い動物のこともあるけれども、そういうことで、高等動物等のなかに一部入っている者もあるから、外見上は堕落者と言わざるをえない者もいる。

でも、長い歴史のなかで、その高等動物からまた人間に進化してきている者もあって、現代の人口増を見れば、動物からの進化もかなり入っていると見たほうがいいでしょう。

質問者A　分かりました。そのような感じでしょうか。

エローヒム　まあ、あなたがたの思うとおりにはならないかもしれないけど、そういう地獄的なものができ始めていた時代ということではあります、ええ。

質問者Ａ　「その地獄も、もっと進化してきてしまって、今の現代につながっている」ということですものね。

エローヒム　うん。広大無辺《こうだいむへん》になっています、地獄自体。

質問者Ａ　「地獄もまた〝進化〟してしまっている」というところです。

エローヒム　でも、モグラが、日の光を嫌《きら》って潜っているものを、必ずしも全部掘り出せないのと同じように、彼らも存在しているんですよ。

ミミズも土のなかに生きている。こういうふうに存在しているものがあるので、これを全部掘り返して光を当てることは、なかなかできないではいるわけです。

地上生活があるかぎり、地獄もあるし、それに堕ちないためのガイダンスというか、ガイドをつくるために、光の天使たちが次々と生まれる必要もあったということだ。

質問者A　そうですね。

3 「神なき民主主義」「神なき自由」の危険性

質問者Ａ　では、最後に一点だけ、エローヒム様から見られて、現代においてエル・カンターレがやろうとされていることを、どう思われますか？　「宇宙の法 Part《パート》 Ⅲ《スリー》」ともかかわってくるかもしれないのですけれども、つながり的には。何か使命というか……。

エローヒム　私たちから見ると、今の民主主義の広がりというのも、異常なものがけっこうあるので……。もう、「神なき民主主義」という感じでいきますと、その地上人口数が多いものが地球を制するかたちになっていきますので、だから、

「神の教えを奉《ほう》じる者が少数になってくる時代」になっています。これがいちばん大きな問題です。

信仰《しんこう》に目覚めてもらえれば、やはり、ある程度の限度はかかってくるとは思うんですけれども、「神なき自由」というのは、けっこう危険な暴走になります。だから、これを克服《こくふく》できるかどうかは分からない。

今、地球には、もう七十六億人ぐらいいるともいわれているけれども（収録当時）、私たちは、やはり百億前後が〝リミット〟と見てはいるので、これ以上増えるようでしたら、やはり、そうした、「神の僕《しもべ》」とは言えない者たちを、何とかして滅《ほろ》ぼしていかなければいけないのではないかと思っている。

その意味では、「戦争」や、「さまざまなウィルス系の病気」、「隕石《いんせき》」、「地震《じしん》」、「津波《つなみ》」、「火山噴火《ふんか》」、「大陸沈没《ちんぼつ》」、いろいろありますけれども、こういうものが襲《おそ》ってくることはあると。

だから、あなたがたは、ムーがなぜ滅びたか、偉大《いだい》な大王がいたのに、ムーが滅び、アトランティスが滅びた本当の理由を、やはり、もうちょっと調べてみたほうがいいのではないですか。

質問者Ａ　なるほど。はい。分かりました。

エローヒム　今よりも、もし進んでいたというのだったら、なぜ滅びる必要があったのか、そこにも理由は必ずあるはずです。

質問者Ａ　分かりました。

（質問者Ｂに）いいですか。

質問者B　はい。大丈夫《だいじょうぶ》です。

質問者A　では、これで……。

エローヒム　はい。

質問者B　ありがとうございました。

大川隆法　（手を二回叩《たた》く）

質問者A　どうもありがとうございました。

第3章　映画「宇宙の法―エローヒム編―」楽曲歌詞

（編集注）大川隆法総裁は劇場用映画の製作総指揮・原作・企画《きかく》のほか、映画の主題歌・挿入歌《そうにゅうか》等、さまざまな作詞・作曲を手がけています。大川総裁が作詞・作曲した楽曲「El《エル》 Cantare《カンターレ》 大川隆法 オリジナルソングス」は、悟《さと》りの言魂《ことだま》そのものであり、天上界《てんじょうかい》の高次元にある美しい調べが直接的に表現されています。また、大川隆法総裁の楽曲は映画の原作の一部として重要な役割を担《にな》っています。

第3章に歌詞が収録されている映画「宇宙の法―エローヒム編―」の楽曲は、映画の製作開始に先行して作詞・作曲されたものです。エローヒム神の人類に対する限りない慈悲《じひ》や、エローヒム神を支える存在パングルの思いなど、登場人物の心情描写《びょうしゃ》や作品の世界観、映画の中心理念等が込《こ》められています。

なお、本書百六十二ページの「君という奇跡《きせき》」は、大川隆法総裁と大川紫央《しお》総裁補佐《ほさ》の御成婚《ごせいこん》記念楽曲の歌詞の一つです。歌詞のなかにエローヒム神とパングルが描《えが》かれており、映画「宇宙の法―エローヒム編―」の挿入歌ともなっています。

主題歌

エローヒムのテーマ

作詞・作曲　大川隆法

エローヒム、エローヒム、エローヒム、
あなたはなぜに来《こ》られたか。
エローヒム、エローヒム、エローヒム、
あなたは何《なに》ゆえにこの星《ほし》に来《こ》られたか。
地球《ちきゅう》は青《あお》い星《ほし》、美《うつく》しい星《ほし》、

されども、さまざまな生《い》き物《もの》がいて、
さまざまな神《かみ》たちが民族《みんぞく》や言語《げんご》を司《つかさど》る。
エローヒムあなたは、
ただひとつだけの、
至高《しこう》の真理《しんり》を伝《つた》えんと、
はるばる遠《とお》い星《ほし》から、
遠《とお》い昔《むかし》から来《こ》られた、この星《ほし》に。
そうだ、あなたこそ、この星《ほし》の主《しゅ》だ。
エローヒム、神《かみ》の名《な》を呼《よ》べば、
主《しゅ》の名《な》を呼《よ》べば、
必《かなら》ず、あなたが、最後《さいご》には出《で》てくる。
エローヒム、主《しゅ》よ、主《しゅ》なる神《かみ》よ。

この地上《ちじょう》の悪《あく》をなくしたまえ。
エローヒム、主《しゅ》よ、主《しゅ》なる神《かみ》よ。
あらゆる民族《みんぞく》と肌《はだ》の色《いろ》を超《こ》えて、
愛《あい》し合《あ》う星《ほし》となすために、すべてを捧《ささ》げたまえ。
エローヒム、人類《じんるい》はあなたの後《あと》に続《つづ》くのみ。
だからあなたは全《すべ》て、
すべてにして一人《ひとり》、一人《ひとり》にしてすべて。

エローヒム、愛《あい》の根源《こんげん》の方《かた》よ。
エローヒム、正義《せいぎ》とはあなたのことよ。
たとえ、この地上《ちじょう》が苦《くる》しみと悲《かな》しみの巷《ちまた》と化《か》しても、
あなたは決《けっ》して見捨《みす》てない、見捨《みす》てない、見捨《みす》てない。

なぜならあなたこそ、ただ一人《ひとり》の主《しゅ》だから。
私《わたし》たちの主《しゅ》なる神《かみ》は、愛《あい》と正義《せいぎ》を説《と》かれる。
そして、調和《ちょうわ》をつくり出《だ》して、
人々《ひとびと》を平和《へいわ》へと導《みちび》かれる。

エローヒム、神《かみ》の名《な》よ。
エローヒム、主《しゅ》の御名《みな》よ。
エローヒム、帰依《きえ》するのはあなたにだけ。
全《すべ》ての神《かみ》のもと、造物主《ぞうぶつしゅ》の後《あと》に、
この地球《ちきゅう》を導《みちび》かれし者《もの》。
アルファの後《あと》に、
エローヒム、あなたがこの星《ほし》を統《す》べる。

全《すべ》ての教《おし》えの根源《こんげん》の方《かた》よ。

ああ、愛《あい》を通《とお》して人《ひと》はみずからの神《かみ》を知《し》る。
ああ、善《ぜん》とは何《なに》かを知《し》って、
善悪《ぜんあく》の向《む》こうに正義《せいぎ》を見《み》る。
正義《せいぎ》の彼方《かなた》に、
平和《へいわ》の建設《けんせつ》を、夢見《ゆめみ》る我《われ》ら地球《ちきゅう》の僕《しもべ》たち。
エローヒム、あなたの名《な》をとこしえに、
伝《つた》えん我《われ》らが気概《きがい》、勇気《ゆうき》、
そして永遠《えいえん》の生命《いのち》そのものが、
すべてあなたに捧《ささ》げるものだから。

エローヒム、我《われ》らの願《ねが》いを聞《き》き届《とど》けたまえ。
エローヒム、いついつまでも我《われ》らを守護《しゅご》したまえ。
エローヒム、悪魔《あくま》をどうかやっつけて、
消《け》してしまってください。
我《われ》ら光《ひかり》の子《こ》、光《ひかり》に満《み》ちた世界《せかい》で、
あなたと共《とも》にいつまでも、
生《い》きてゆきたい、いつまでも——。

イメージソング①

パングルのテーマ

作詞・作曲　大川隆法

Ah Ah Ah・・・
Ah Ah Ah・・・
Ah Ah Ah・・・
戦《たたか》いが来《き》たのだ。
私《わたし》たちは戦《たたか》わなきゃ生《い》きている意味《いみ》がない。

エローヒム様《さま》を護《まも》るため。
地球神《ちきゅうしん》を護《まも》るため。

パングル、戦《たたか》え。
おまえも、女性《じょせい》であることなんて、言《い》い訳《わけ》にしちゃだめだ。
戦《たたか》え、パングル。
戦《たたか》え、パングル。
拳《こぶし》の嵐《あらし》で、涙《なみだ》を隠《かく》して。
突撃《とつげき》する、パングルよ。
悲《かな》しみを全身《ぜんしん》に込《こ》めて。
平和《へいわ》のために涙《なみだ》を流《なが》す。

全身《ぜんしん》にみなぎる愛《あい》と勇気《ゆうき》が、
君《きみ》を護《まも》りたいと、いと、いと、いと、
護《まも》りたいと、いと、いと、
護《まも》りたいと、思《おも》える心《こころ》の底《そこ》から突《つ》き上《あ》げて。

女《おんな》であることが弱《よわ》さであるなんて、
そんなことは許《ゆる》されない。
あなたは、地球《ちきゅう》の主《しゅ》を護《まも》るため。
戦《たたか》うぞ、どんな悪魔《あくま》とも、
宇宙《うちゅう》の邪神《じゃしん》とも。

心《こころ》を強《つよ》くして、戦《たたか》うぞ。

セラフィム、負《ま》けるな、
お前《まえ》も戦《たたか》え。
私《わたし》たちが、主《しゅ》を護《まも》る最後《さいご》の砦《とりで》なの。

涙《なみだ》はおあずけよ。
宇宙《うちゅう》の平和《へいわ》が、
この地上《ちじょう》に降《お》りて、
人々《ひとびと》を慰《なぐさ》めるその時《とき》まで。

涙《なみだ》を吹《ふ》き飛《と》ばして、
力《ちから》をよみがえらせる。
主《しゅ》よ、私《わたし》の使命《しめい》をお護《まも》りください。

イメージソング②

始《はじ》まりのイエス

作詞・作曲　大川隆法

Uh Uh Uh —。
Uh Uh Uh —。
Uh Uh Uh Uh —。
Uh Uh Uh Uh —。
Uh Uh Uh —。
はるかなる宇宙《うちゅう》から、

私《わたし》がこの星《ほし》にやって来《き》たとき、
憎《にく》しみ、悲《かな》しみ、怒《いか》りで満《み》ちていたのです。
その嵐《あらし》の中《なか》へ降《お》り立《た》って、
人々《ひとびと》を苦《くる》しみの軛《くびき》から、
解放《かいほう》しようと戦《たたか》ったのだ。
それがイエス。
始《はじ》まりのイエス。
始《はじ》まりの時《とき》。
人《ひと》は悪《あく》に染《そ》まるもの。
しかし、自《みずか》ら望《のぞ》んで悪《あく》に染《そ》まったわけじゃない。
各人《かくじん》が自分《じぶん》の力《ちから》を伸《の》ばし、
自己実現《じこじつげん》で偉大《いだい》になろうと努力《どりょく》したけど、

自分《じぶん》の喜《よろこ》びが他《た》の人《ひと》の苦《くる》しみや悲《かな》しみになったことが数多《かずおお》かった。
だから、私《わたし》が癒《いや》しを与《あた》えに来《き》た。
敗《やぶ》れし者《もの》よ、
地上《ちじょう》で敗《やぶ》れても、
あなたがたは本当《ほんとう》は敗《やぶ》れたわけでない。
この世《よ》は仮《かり》の姿《すがた》、
この世《よ》の地位《ちい》や名誉《めいよ》や財産《ざいさん》さえ、
あの世《よ》に持《も》っては還《かえ》れない。
だから、私《わたし》は来《き》た。
あなたがたの全《すべ》てに捨《す》てることを勧《すす》めて、
全《すべ》てを捨《す》てることが、
全《すべ》てを得《え》ることになるということは、

そんなに難《むずか》しいことでしょうか。
Ah——。
だから、私《わたし》はあなたがたのために、
この身《み》を捨《す》てて、
あなたがたの犠牲《ぎせい》になって、
自《みずか》らの命《いのち》をも捨《す》てて、
人間《にんげん》のあり方《かた》を教《おし》えたのです。
私《わたし》があなたがたに教《おし》えたかったことは、
命《いのち》を捨《す》てることが、
命《いのち》を育《はぐく》むということ。
誰《だれ》かのために命《いのち》を懸《か》けることが、
あなたを生《い》かし、

あなたを許《ゆる》し、
あなたを神《かみ》のために愛《あい》することとなる。
私《わたし》の愛《あい》は始《はじ》まりの愛《あい》。
これが始《はじ》まりのイエス。
あなたがたの救世主《きゅうせいしゅ》。

ヤイザエルのテーマ

作詞・作曲　大川隆法

Ah Ah Ah ―!
Ah Ah Ah ―!
Ah Ah Ah ―!
Ah Ah Ah ―!
O Oh! O Oh! Oh ―!
O Oh! O Oh! Oh ―!

来《き》た！　来《き》た！　私《わたし》は来《き》た！
何《なん》のために来《き》たのか。
もちろん、勝《か》つために来《き》た！
勝《か》て！　勝《か》て！　勝《か》て！　勝《か》て！
ヤイザエル！　勝《か》て！
ヤイザエル！　勝《か》て！
おまえは無敵《むてき》だ！
あらゆる宇宙人《うちゅうじん》にも勝《か》てるんだ！

地球《ちきゅう》の恐竜怖《きょうりゅうこわ》くない！
地球《ちきゅう》の魔物《まもの》も怖《こわ》くない！
地球《ちきゅう》の動物怖《どうぶつこわ》くない！

人間《にんげん》なんて怖《こわ》くない！
行《い》け！　ヤイザエル！

Go! Go!
Go! Go!
Go! Go!
Go On! Go On!
Go On! Go On! Go On!

行《い》け！　行《ゆ》け！　ヤイザエル！
おまえは無敵《むてき》だ！
宇宙《うちゅう》で一番強《いちばんつよ》いのは、ヤイザエルとしたもんだ。

おまえは地上《ちじょう》で無敵《むてき》だが、一旦空《いったんそら》に飛《と》び立《た》てば、
空《そら》でもまた無敵《むてき》だよ。
空《そら》からおまえに見《み》つかれば、ただの一人《ひとり》も助《たす》からない。
全《すべ》ての悪《あく》を一網打尽《いちもうだじん》。
全《すべ》ての悪《あく》を粉砕《ふんさい》し、正義《せいぎ》のみを打《う》ち立《た》てる。

行《ゆ》け！　行《ゆ》け！　ヤイザエル！
おまえの時代《じだい》がやって来《き》た！
地球《ちきゅう》を守《まも》る守護神《しゅごしん》は、今《いま》の世《よ》は、
ヤイザエル！　ヤイザエル！　それ！
ヤイザエル！　ヤイザエル！
ヤイザエルしかいないのだ！

私《わたし》が勝《か》てば、世《よ》は平和《へいわ》。
正義《せいぎ》と善《ぜん》とが一《ひと》つになるよ。
神《かみ》の心《こころ》は善《ぜん》を取《と》ること。
悪《あく》を粉砕《ふんさい》しまくって、善《ぜん》を推《お》し進《すす》める。
正義《せいぎ》がそこに立《た》ち上《あ》がる。

行《ゆ》け！　行《ゆ》け！　ヤイザエル！
おまえは地上《ちじょう》で無敵《むてき》だぞ！
おまえは空《そら》で無敵《むてき》だぞ！
おまえは宇宙《うちゅう》で無敵《むてき》だぞ！
行《い》け！　行《い》け！　ヤイザエル！

おまえに勝《か》てる者《もの》はない。
神《かみ》の心《こころ》を心《こころ》として、全《すべ》ての敵《てき》をやっつける。

行《ゆ》け！ 善《ぜん》のため！
行《ゆ》け！ 愛《あい》のため！
行《ゆ》け！ 正義《せいぎ》のため！
行《ゆ》け！ 久遠《くおん》の平和《へいわ》のため！
ヤイザエル、おまえの名《な》は「勝利《しょうり》の女神《めがみ》」。

挿入歌

君《きみ》という奇跡《きせき》

作詞・作曲　大川隆法

始《はじ》まりの時《とき》は、
君《きみ》はいつも叱《しか》られていた。
「ごめんよ。」という不思議《ふしぎ》な言葉《ことば》が、
君《きみ》の代名詞《だいめいし》になった。

けれども君《きみ》は、
決《けっ》して負《ま》け犬《いぬ》にはならなかった。

君《きみ》が僕《ぼく》の近《ちか》くに来《き》てから、
謎《なぞ》のような奇跡《きせき》が起《お》こり始《はじ》めた。
僕《ぼく》はなぜか突然《とつぜん》に、
政党《せいとう》を立《た》ち上《あ》げて、
世直《よなお》しを叫《さけ》び始《はじ》めた。
僕《ぼく》は、学校《がっこう》を二《ふた》つつくり、
大学《だいがく》も建《た》てた。
世界中《せかいじゅう》を英語《えいご》で、
講演《こうえん》してまわった。

公開霊言《こうかいれいげん》が始《はじ》まり、
宇宙人《うちゅうじん》まで現《あらわ》れた。

僕《ぼく》が君《きみ》のことを、
「パンダに似《に》ている。」
と言《い》ったのは、
ドバイの海辺《うみべ》だったね。
君《きみ》は段々《だんだん》に、
仕草《しぐさ》までパンダに似《に》てきた。
僕《ぼく》は急《きゅう》に若返《わかがえ》り、
多《おお》くの人々《ひとびと》の病気《びょうき》まで治《なお》し始《はじ》めた。

☆

ああ、「エローヒム！」
あなたの最愛《さいあい》の人《ひと》は、

「パングル」だったのか。
やっぱりそうか。
古代《こだい》のシャネルだったんだね……。

（☆リピート）

挿入歌

堕天使《だてんし》のテーマ

作詞・作曲　大川隆法

それは悲《かな》しい出来事《できごと》だった。
私《わたし》の双子《ふたご》の兄弟《きょうだい》が神《かみ》に嫉妬《しっと》して、
自《みずか》ら神《かみ》になろうとした。
我《わ》が名《な》はミカエル。
七大天使《ななだいてんし》の最大《さいだい》の者《もの》。
私《わたし》の双子《ふたご》の弟《おとうと》は、
暁《あかつき》の天使《てんし》ルシフェル。

美《うつく》しい青年《せいねん》であった彼《かれ》が、
神《かみ》の地位《ちい》と栄光《えいこう》に目《め》が眩《くら》んで、
神《かみ》の本当《ほんとう》の念《おも》いを誤解《ごかい》して、
自《みずか》ら神《かみ》にならんとREVOLUTION《レボリューション》を企《くわだ》てた。
私《わたし》は双子《ふたご》の魂《たましい》として、

とても、とても、とても悲《かな》しいことだったが、
血《ち》のつながりよりも神《かみ》の子《こ》であることが、
いかほど大切《たいせつ》なことかを教《おし》えようと、
この剣《けん》を振《ふ》りかざして弟《おとうと》と戦《たたか》った。
信仰《しんこう》は家族《かぞく》の絆《きずな》をも乗《の》り越《こ》えてゆかねばならぬ。
一番大切《いちばんたいせつ》な愛《あい》の姿《すがた》、それが信仰《しんこう》なのだと、
後世《こうせい》の人々《ひとびと》にも教《おし》えなくてはならない。

七大天使《ななだいてんし》の一人《ひとり》が私《わたし》の剣《けん》に敗《やぶ》れて、
大宇宙《だいうちゅう》の天上界《てんじょうかい》から撃《う》ち落《お》とされて、
雷《いかづち》のように大地《だいち》に落《お》ち、地獄《じごく》に堕《お》ちていった。
迷《まよ》える人々《ひとびと》の魂《たましい》は彼《かれ》を慕《した》い、
彼《かれ》を地獄《じごく》の盟主《めいしゅ》に祭《まつ》り上《あ》げた。

ああ、あれから一億二千万年《いちおくにせんまんねん》。
この歳月《さいげつ》、天上界《てんじょうかい》と地獄界《じごくかい》とが、地上《ちじょう》を縁《えん》として、
戦《たたか》いに明《あ》け暮《く》れた。
されど弟《おとうと》よ、
暁《あかつき》の天使《てんし》だったルシフェルよ。
おまえが兄《あに》のミカエルに兜《かぶと》を割《わ》られたのだ。

そのおまえが地獄《じごく》で悪霊《あくりょう》を集《あつ》めても、
決《けっ》して神《かみ》には勝《か》てないことを知《し》れ。
世《よ》の中《なか》には許《ゆる》してよいことと、
許《ゆる》してはならないことがある。
堕天使《だてんし》は今《いま》ではサタンと呼《よ》ばれている。
弟《おとうと》よ、兄《あに》の愛《あい》の言葉《ことば》を聞《き》くがよい。
私《わたし》に勝《か》てない限《かぎ》り、
神《かみ》はあなたには指一本《ゆびいっぽん》触《ふ》れようともしないのだ。
愛《あい》はあらゆる恐怖《きょうふ》よりも強《つよ》いものだ。
愛《あい》に勝《か》てるものなんて、
この世《よ》にもあの世《よ》にも、ありはしない。
地獄《じごく》の最期《さいご》の日《ひ》は近《ちか》づいている。

おまえが暁《あかつき》の天使《てんし》として、
生《う》まれ変《か》わるその日《ひ》、その時《とき》まで、
私《わたし》の戦《たたか》いは終《お》わらない。
神《かみ》の心《こころ》は永遠《えいえん》に人々《ひとびと》の上《うえ》にある。

あとがき

前作の映画「宇宙の法―黎明《れいめい》編―」に続いて、ＰＡＲＴⅡの本作も、絶対見逃してはならない一作である。

現在の世界の混迷を解決するためにも、創世記《そうせいき》の神と、天国と地獄を分ける基準を示した神の時代は、全世界に知られねばならない。

そして今、二十一世紀に、三度目の降臨、「エル・カンターレ」の時代が幕あけである。

エル・カンターレの法は、創世記、人類にとっての正しき道、そして宇宙時代の地球人の使命を明かすものである。

苦難の中にあって、人類は、地球神の姿と教えに気づくことになるだろう。

新しい聖書・仏典《ぶってん》の一書として、本書を持っているかどうかが、あなた方の未来への指針を決めることだろう。

二〇二一年　八月二十一日

幸福《こうふく》の科学《かがく》グループ創始者兼総裁《そうししゃけんそうさい》　大川隆法《おおかわりゅうほう》

『エローヒムの降臨』関連書籍

『信仰の法』（大川隆法 著　幸福の科学出版刊）

『ゾロアスター 宇宙の闇の神とどう戦うか』（同右）

※左記は書店では取り扱っておりません。最寄りの精舎・支部・拠点までお問い合わせください。

『アルファの法』（大川隆法 著　宗教法人幸福の科学刊）

エローヒムの降臨《こうりん》

―― 映画「宇宙の法 ― エローヒム編 ―」参考霊言 ――

2021年9月10日　初版第1刷

著　者　　大《おお》 川《かわ》 隆《りゅう》 法《ほう》

発行所　　幸福の科学出版株式会社

〒107-0052 東京都港区赤坂2丁目10番8号
TEL(03)5573-7700
https://www.irhpress.co.jp/

印刷・製本　株式会社 堀内印刷所

落丁・乱丁本はおとりかえいたします

ISBN978-4-8233-0277-0 C0014

カバー，表紙，大扉，p.11, 93, 139 Anna Chelnokova / Shutterstock.com
装丁・イラスト・写真（上記・パブリックドメインを除く）© 幸福の科学

大川隆法ベストセラーズ・**地球神エル・カンターレの真実**

太陽の法

エル・カンターレへの道

創世記や愛の段階、悟りの構造、文明の流転を明快に説き、主エル・カンターレの真実の使命を示した、仏法真理の基本書。14言語に翻訳され、世界累計1000万部を超える大ベストセラー。

2,200円

信仰の法

地球神エル・カンターレとは

さまざまな民族や宗教の違いを超えて、地球をひとつに——。文明の重大な岐路に立つ人類へ、「地球神」からのメッセージ。

2,200円

天《あめの》御《み》祖《おや》神《がみ》の降臨

古代文献『ホツマツタヱ』に記された創造神

3万年前、日本には文明が存在していた——。日本民族の祖《おや》が明かす、歴史の定説を超越するこの国のルーツと神道の秘密、そして宇宙との関係。秘史を記す一書。

1,760円

CD エローヒムのテーマ／パングルのテーマ

作詞・作曲 大川隆法

愛と正義を説いた主なる神、エローヒムと共に——。「宇宙の法—エローヒム編—」の主題歌とイメージソング①。

El Cantare 大川隆法 Original Songs

詳細はコチラ

発売 ARI Production　1,650円

※表示価格は税込10%です。

大川隆法霊言シリーズ・**地球文明の秘密に迫る**

公開霊言
超古代文明ムーの大王
ラ・ムーの本心

1万7千年前、太平洋上に存在したムー大陸。神秘と科学が融合した、その文明の全貌が明かされる。神智学では知りえない驚愕の事実とは。

1,540円

トス神降臨・インタビュー アトランティス文明・ピラミッドパワーの秘密を探る

アンチエイジング、宇宙との交信、死者の蘇生、惑星間移動など、ピラミッドが持つ神秘の力について、アトランティスの「全智全能の神」が語る。

1,540円

公開霊言　古代インカの王
リエント・アール・クラウドの本心

7千年前の古代インカは、アトランティスの末裔が築いた文明だった。当時の王、リエント・アール・クラウドが語る、宇宙の神秘と現代文明の危機。

1,540円

公開霊言　ギリシャ・エジプトの古代神
オフェアリス神の教えとは何か

全智全能の神・オフェアリス神の姿がついに明らかに。復活神話の真相や信仰と魔法の関係など、現代人が失った神秘の力を呼び覚ます奇跡のメッセージ。

1,540円

幸福の科学出版

大川隆法霊言シリーズ・宇宙の闇を貫く光

R・A・ゴール 地球の未来を拓く言葉

今、人類の智慧と胆力が試されている──。コロナ変異種拡大の真相や、米中覇権争いの行方など、メシア資格を有する宇宙存在が人類の未来を指し示す。

1,540円

メタトロンの霊言「危機の時代の光」

地球的正義が樹立されない限り、コロナ禍も天変地異も終わらない──。メシア資格を持つ宇宙存在が、地球全体を覆う諸問題や今後の世界の展望について語る。

1,540円

ヤイドロンの本心
コロナ禍で苦しむ人類への指針

アメリカの覇権が終焉を迎えたとき、次の時代をどう構想するか? 混沌と崩壊が加速する今の世界に対して、宇宙の守護神的存在からの緊急メッセージ。

1,540円

ゾロアスター 宇宙の闇の神とどう戦うか

全体主義国家・中国の背後に働く「闇の力」とは? かつて宇宙の闇の神と戦ったゾロアスターが、その正体と企みを明らかにした人類への警世の書。

1,540円

大川隆法シリーズ・**最新刊**

ジョージ・ルーカス守護霊＆キャリー・フィッシャーの霊言

「スター・ウォーズ」が促す宇宙時代への目覚め

英語霊言
英日対訳

ジョージ・ルーカス守護霊と「スター・ウォーズ」の名女優が語る、映画に秘められた宇宙史と神の真実。【付録】レオナルド・ディカプリオの守護霊霊言

1,540円

小説　地球万華鏡

閻魔大王、宇宙人との遭遇、妖怪・山姥、鬼、地獄界探訪……。時間・空間を超え、万華鏡のように変化する「神秘の世界」へと誘われる10の物語。

1,540円

大川隆法　初期重要講演集　ベストセレクション⑤

勝利の宣言

現代の迷妄を打ち破り、永遠の真理をすべての人々へ──。多くの人々を「救世の使命」に目覚めさせ、大伝道への原動力となった、奇跡のシリーズ第５巻。

1,980円

コロナ不況にどう立ち向かうか

コロナ・パンデミックはまだ終わらない──。東京五輪断行が招く二つの危機とは？ 政府や自治体に頼らず、経済不況下を強靱に生き抜く「智慧」がここに。

1,650円

※表示価格は税込10％です。

幸福の科学グループのご案内

宗教、教育、政治、出版などの活動を通じて、地球的ユートピアの実現を目指しています。

幸福の科学

一九八六年に立宗。信仰の対象は、地球系霊団の最高大霊、主エル・カンターレ。世界百六十カ国以上の国々に信者を持ち、全人類救済という尊い使命のもと、信者は、「愛」と「悟り」と「ユートピア建設」の教えの実践、伝道に励んでいます。

（二〇二一年八月現在）

愛

幸福の科学の「愛」とは、与える愛です。これは、仏教の慈悲《じひ》や布施《ふせ》の精神と同じことです。信者は、仏法真理をお伝えすることを通して、多くの方に幸福な人生を送っていただくための活動に励んでいます。

悟り

「悟り」とは、自らが仏の子であることを知るということです。教学《きょうがく》や精神統一によって心を磨き、智慧《ちえ》を得て悩みを解決すると共に、天使・菩薩《ぼさつ》の境地を目指し、より多くの人を救える力を身につけていきます。

ユートピア建設

私たち人間は、地上に理想世界を建設するという尊い使命を持って生まれてきています。社会の悪を押しとどめ、善を推し進めるために、信者はさまざまな活動に積極的に参加しています。

国内外の世界で貧困や災害、心の病で苦しんでいる人々に対しては、現地メンバーや支援団体と連携して、物心両面にわたり、あらゆる手段で手を差し伸べています。

年間約２万人の自殺者を減らすため、全国各地で街頭キャンペーンを展開しています。

公式サイト **www.withyou-hs.net**

自殺防止相談窓口

受付時間　火～土:10～18時（祝日を含む）

TEL **03-5573-7707** メール **withyou-hs@happy-science.org**

ヘレン・ケラーを理想として活動する、ハンディキャップを持つ方とボランティアの会です。視聴覚障害者、肢体不自由な方々に仏法真理を学んでいただくための、さまざまなサポートをしています。

公式サイト **www.helen-hs.net**

入会のご案内

幸福の科学では、大川隆法総裁が説く仏法真理《ぶっぽうしんり》をもとに、「どうすれば幸福になれるのか、また、他の人を幸福にできるのか」を学び、実践しています。

入会

仏法真理を学んでみたい方へ

大川隆法総裁の教えを信じ、学ぼうとする方なら、どなたでも入会できます。入会された方には、『入会版「正心法語《しょうしんほうご》」』が授与されます。

ネット入会　入会ご希望の方はネットからも入会できます。

happy-science.jp/joinus

三帰《さんき》誓願《せいがん》

信仰をさらに深めたい方へ

仏弟子としてさらに信仰を深めたい方は、仏《ぶっ》・法《ぽう》・僧《そう》の三宝《さんぼう》への帰依を誓う「三帰誓願式」を受けることができます。三帰誓願者には、『仏説・正心法語』『祈願文《きがんもん》①』『祈願文②』『エル・カンターレへの祈り』が授与されます。

幸福の科学 サービスセンター
TEL 03-5793-1727
（受付時間／火～金:10～20時　土・日祝:10～18時（月曜を除く））

幸福の科学 公式サイト
happy-science.jp

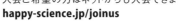

ハッピー・サイエンス・ユニバーシティ
Happy Science University

ハッピー・サイエンス・ユニバーシティとは

ハッピー・サイエンス・ユニバーシティ（HSU）は、大川隆法総裁が設立された「現代の松下村塾」であり、「日本発の本格私学」です。
建学の精神として「幸福の探究と新文明の創造」を掲げ、チャレンジ精神にあふれ、新時代を切り拓く人材の輩出を目指します。

人間幸福学部　経営成功学部　未来産業学部

HSU長生キャンパス TEL **0475-32-7770**
〒299-4325　千葉県長生郡長生村一松丙 4427-1

未来創造学部

HSU未来創造・東京キャンパス
TEL **03-3699-7707**
〒136-0076　東京都江東区南砂2-6-5　公式サイト **happy-science.university**

学校法人 幸福の科学学園

学校法人 幸福の科学学園は、幸福の科学の教育理念のもとにつくられた教育機関です。人間にとって最も大切な宗教教育の導入を通じて精神性を高めながら、ユートピア建設に貢献する人材輩出を目指しています。

幸福の科学学園
中学校・高等学校（那須本校）
2010年4月開校・栃木県那須郡（男女共学・全寮制）
TEL **0287-75-7777** 公式サイト **happy-science.ac.jp**

関西中学校・高等学校（関西校）
2013年4月開校・滋賀県大津市（男女共学・寮及び通学）
TEL **077-573-7774** 公式サイト **kansai.happy-science.ac.jp**

仏法真理塾「サクセスNo.1」

全国に本校・拠点・支部校を展開する、幸福の科学による信仰教育の機関です。小学生・中学生・高校生を対象に、信仰教育・徳育にウエイトを置きつつ、将来、社会人として活躍するための学力養成にも力を注いでいます。

TEL 03-5750-0751（東京本校）

エンゼルプランV

東京本校を中心に、全国に支部教室を展開。信仰をもとに幼児の心を豊かに育む情操教育を行い、子どもの個性を伸ばして天使に育てます。

TEL 03-5750-0757（東京本校）

エンゼル精舎

乳幼児が対象の、託児型の宗教教育施設。エル・カンターレ信仰をもとに、「皆、光の子だと信じられる子」を育みます。
（※参拝施設ではありません）

不登校児支援スクール「ネバー・マインド」

TEL 03-5750-1741

心の面からのアプローチを重視して、不登校の子供たちを支援しています。

ユー・アー・エンゼル！（あなたは天使！）運動

障害児の不安や悩みに取り組み、ご両親を励まし、勇気づける、障害児支援のボランティア運動を展開しています。

一般社団法人 ユー・アー・エンゼ

TEL 03-6426-7797

NPO活動支援

学校からのいじめ追放を目指し、さまざまな社会提言をしています。また、各地でのシンポジウムや学校への啓発ポスター掲示等に取り組む一般財団法人「いじめから子供を守ろうネットワーク」を支援しています。

公式サイト mamoro.org　ブログ blog.mamoro.org
相談窓口 TEL.03-5544-8989

百歳まで生きる会

「百歳まで生きる会」は、生涯現役人生を掲げ、友達づくり、生きがいづくりをめざしている幸福の科学のシニア信者の集まりです。

シニア・プラン21

生涯反省で人生を再生・新生し、希望に満ちた生涯現役人生を生きる仏法真理道場です。定期的に開催される研修には、年齢を問わず、多くの方が参加しています。
全世界212カ所（国内197カ所、海外15カ所）で開校中。

【東京校】 TEL 03-6384-0778　FAX 03-6384-0779
メール senior-plan@kofuku-no-kagaku.or.jp

幸福実現党

内憂外患《ないゆうがいかん》の国難に立ち向かうべく、2009年5月に幸福実現党を立党しました。創立者である大川隆法党総裁の精神的指導のもと、宗教だけでは解決できない問題に取り組み、幸福を具体化するための力になっています。

幸福実現党 釈量子サイト **shaku-ryoko.net**

Twitter **釈量子@shakuryoko**で検索

党の機関紙
「幸福実現党NEWS」

幸福実現党 党員募集中

あなたも幸福を実現する政治に参画しませんか。

○幸福実現党の理念と綱領、政策に賛同する18歳以上の方なら、どなたでも参加いただけます。

○党費：正党員（年額5千円［学生 年額2千円］）、特別党員（年額10万円以上）、家族党員（年額2千円）

○党員資格は党費を入金された日から1年間です。

○正党員、特別党員の皆様には機関紙「幸福実現党NEWS（党員版）」（不定期発行）が送付されます。

＊申込書は、下記、幸福実現党公式サイトでダウンロードできます。

住所：〒107-0052　東京都港区赤坂2-10-8 6階 幸福実現党本部

TEL **03-6441-0754**　FAX **03-6441-0764**

公式サイト **hr-party.jp**

出版 メディア 芸能文化　幸福の科学グループ

幸福の科学出版

大川隆法総裁の仏法真理の書を中心に、ビジネス、自己啓発、小説など、さまざまなジャンルの書籍・雑誌を出版しています。他にも、映画事業、文学・学術発展のための振興事業、テレビ・ラジオ番組の提供など、幸福の科学文化を広げる事業を行っています。

アー・ユー・ハッピー？
are-you-happy.com

ザ・リバティ
the-liberty.com

幸福の科学出版
TEL **03-5573-7700**
公式サイト **irhpress.co.jp**

THE FACT

ザ・ファクト
マスコミが報道しない
「事実」を世界に伝える
ネット・オピニオン番組

YouTubeにて
随時好評
配信中！

ザ・ファクト　検索

NEW STAR PRODUCTION

ニュースター・プロダクション

「新時代の美」を創造する芸能プロダクションです。多くの方々に良き感化を与えられるような魅力あふれるタレントを世に送り出すべく、日々、活動しています。 公式サイト **newstarpro.co.jp**

ARI Production

ARI《アリ》 Production《プロダクション》

タレント一人ひとりの個性や魅力を引き出し、「新時代を創造するエンターテインメント」をコンセプトに、世の中に精神的価値のある作品を提供していく芸能プロダクションです。 公式サイト **aripro.co.jp**

大川隆法　講演会のご案内

大川隆法総裁の講演会が全国各地で開催されています。講演のなかでは、毎回、「世界教師」としての立場から、幸福な人生を生きるための心の教えをはじめ、世界各地で起きている宗教対立、紛争、国際政治や経済といった時事問題に対する指針など、日本と世界がさらなる繁栄の未来を実現するための道筋が示されています。

2020年12月8日 さいたまスーパーアリーナ
「“With Savior”(ウィズ・セイビア)―救世主と共に―」

2019年10月6日 ザ ウェスティン ハーバーキャッスル トロント(カナダ)
「The Reason We Are Here」

2019年12月17日 さいたまスーパーアリーナ
「新しき繁栄の時代へ」

2019年3月3日 グランド ハイアット 台北(台湾)
「愛は憎しみを超えて」

2019年7月5日 福岡国際センター
「人生に自信を持て」

講演会には、どなたでもご参加いただけます。
最新の講演会の開催情報はこちらへ。⟹ 大川隆法総裁公式サイト
https://ryuho-okawa.org